두근두근
자주학
이야기

배우는 기쁨의 회복! 뇌가 즐거운 공부!

두근두근 자주학 이야기

K STEAM Edu
한국융합인재교육원 지음
Korea ShareTalent Experience with All Members Edu

씨앤톡
See&Talk

• • • • 차례 • • • •

세상에는 다양한 기쁨이 있습니다. 좋아하는 사람들과 함께 하는 기쁨, 새로운 곳을 여행하는 기쁨, 맛있는 것을 먹는 기쁨, 그리고 배워서 알아가는 기쁨…

스스로 질문하고 답을 찾아가는 과정 속에서 새로운 것을 알고 깨닫게 되는 짜릿함을 이 책을 통해 여러분께 선물하고 싶습니다.

공부란 좋은 대학을 가고 직장을 얻기 위해서 해야만 하는 무거운 짐이 아닙니다. 공부는 우리 인간에게만 주어진 위대한 능력인 생각하는 힘을 키워나가는 훈련입니다. 생각하는 힘을 통해 지금까지 우리의 역사가 이루어졌고, 앞으로도 엄청난 일들을 만들어 갈 것입니다. 우리는 생각훈련인 공부를 통해서 세상을 조금씩 알아가며 자신의 영역을 확장해가는 것이죠. 공부는 그저 높은 시험 성적을 얻기 위해서 하는 것이 아닙니다. 공부의 진정한 가치를 깨달을 때 공부에 대한 태도가 달라지고, 그 태도가 결과로 나타나게 됩니다. 즐겁게 공부하며 자신이 성장하고 있음을 맛보는 여러분이 되길 바랍니다.

공부하는 힘, 즉 학습능력은 지식을 배우고 익히는 힘을 말합니다. 빠르게 변화하는 이 시대를 살아가기 위해서는 넘쳐나는 지식홍수 속에서 자신에게 필요한 지식을 선택하여 자신의 것으로 소화하는 능력이 더욱 중요해졌습니다. 자신의 것으로 소화된 지식들로써 세상의 빠른 속도에 발맞춰 나가야 하기 때문입니다.

이제 남이 떠먹여주는 공부가 아니라 내가 맛있게 만들어 먹는 공부를 해야 하는 것입니다. 즉 자기주도 학습을 하는 것이죠. 자기주도 학습은 단지 성적을 올리기 위한 학습기술이 아니라 학습을 통해 삶의 주도력을 키워가는 훈련입니다. 내 삶의 주인으로서 삶을 이끌어갈 힘을 학습과정을 통해 키워가는 것입니다.

게임에서 이기는 원리를 알면 그 게임이 더욱 재미있는 것처럼 공부도 그 원리를 알면 더욱 쉽고 재미있게 할 수 있습니다. 학습의 원리를 알았다면 그 원리를 활용한 학습방법을 몸에 익히는 것이 중요합니다. 우리가 수영을 배울 때 처음엔 물에 뜨지 못하지만 연습하다보면 물에 떠서 수영을 잘하게 되는 것처럼 학습방법도 반복을 통해 몸에 하나씩 익혀가다 보면 쉽게 할 수 있습니다. '해보니까 되고 되니까 재미있다'는 경험을 쌓아서 스스로 배움의 기쁨을 누리며 공부하는 여러분이 되길 응원합니다.

K STEAM Edu
한국융합인재교육원 연구진
Korea ShareTalent Experience with All Members Edu

김경미 · 류경신 · 이강석 · 이남현 · 이성옥(가나다순)

제1장

자기주도학습 바로 알기

1. 자기주도학습의 올바른 개념을 알 수 있다
2. 자기주도학습의 과정을 알 수 있다.

1. 자기주도학습이란?

自己主導 + 學習

1) **주도**(主: 주인 주, 導: 이끌 도)

   - 주인이 되어 이끌어 간다.

   - 내 인생의 주인은 나 : 내가 만들어가는 인생

2) **학습**(學: 배울 학, 習: 익힐 습)

   - 배워서 익힘

– 익힘의 과정 : 習=羽+百(새가 날개 짓을 익히려면 스스로 100번을 반복해야 함)

– 무엇을 배워서 익히는 것일까?

　① 동물세계에서의 학습 : 생존기술(생존도구 사용법) 훈련

　② 인간세계에서의 학습 : 두뇌 사용기술(생각) 훈련

　★ 생각 = 스스로 질문하고 답을 찾아가는 과정

> **자기주도학습** = 스스로 주인이 되어 과정을 이끌어 가는 공부
> (자기주도력을 키우는 생각훈련)

✏️ **다음의 자기주도학습에 대한 설명에 답해 보세요.**

① 자기주도학습은 누구의 도움 없이 혼자 하는 것이다. (예, 아니오)

② 성적이 높은 학생은 모두 자기주도학습을 잘한다 . (예, 아니오)

③ 자기주도학습을 하는 학생은 스스로 필요한 사교육을 선택한다. (예, 아니오)

✏️ **생각훈련1〉 낱말들이 나열된 규칙을 찾고, 그 규칙에 따라 빈칸을 채우세요.**

① 연필 – 비행기 – 필기 – 운송

② 영화 – 예술 – 추석 – 명절

③ 컴퓨터 – MP3 – 키보드 – 이어폰

④ 숲 – 나무 – 책 – 글자

⑤ (　　　　) – (　　　　) – (　　　　) – (　　　　)

✏️ 생각훈련2〉 다음 표의 빈칸을 예시와 같이 채워보세요.

좋아하는 물건	가보고 싶은 곳	좋아하는 음식	엮어서 글짓기
스마트폰	알라스카	떡볶이	알라스카를 여행하다가 떡볶이가 먹고 싶어서 스마트폰으로 검색해보았다.

2. 자기주도학습의 과정

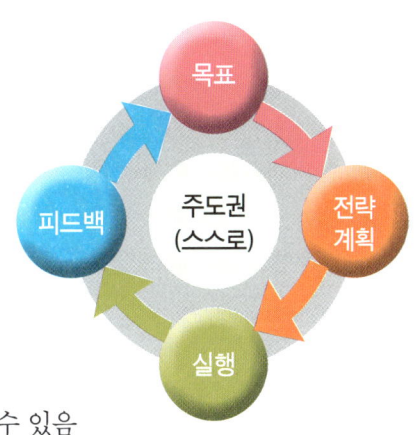

- 주도권을 갖기 위해서는
자신에 대해서 잘 알아야 한다.
: 공부가 잘되는 시간, 취약과목,
단위시간에 할 수 있는 학습량 등

1) **목표 세우기**

　① 목표가 있어야 가야할 방향과 방법을 알 수 있음

　② 구체적이고 행동 지향적 목표를 세워야 함

2) **전략 및 계획 세우기**

　① 구체적 목표를 이루기 위한 실천방법을 정함

　② 실천 가능한 계획 : 여러 번의 시행착오를 거쳐야 가능

3) 과제 실행

　① 계획대로 실행하기 위해서는 자기관리능력이 뒷받침 되어야 함

　② 학습방해요소를 제어하는 것이 중요함

4) 피드백(Feedback)

　① 실행과정과 결과를 돌아보고 잘된 점과 아쉬운 점 파악함

　② 잘된 점은 강화, 아쉬운 점은 보완하는 과정을 통해 자신만의 학습전략이 세워짐

✏️ 나만의 배낭여행을 떠나요~~(자기주도학습 과정 실습)

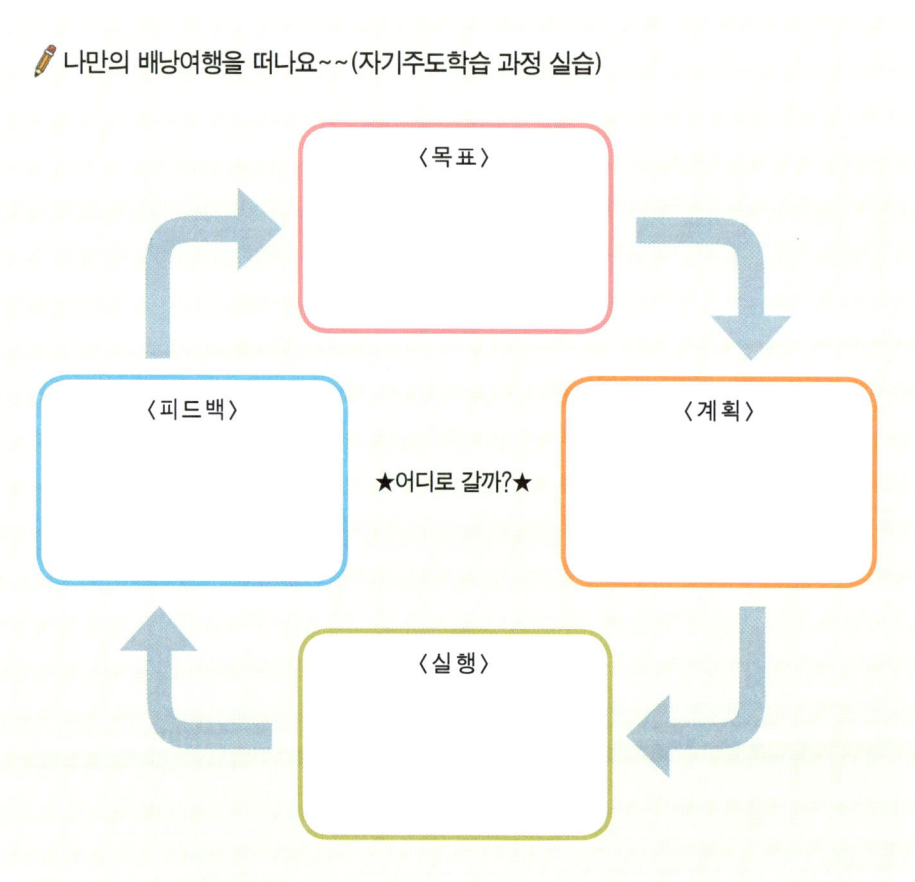

제2장

뇌 속에 숨어있는 **학습능력**의 **비밀**

● ● ● ● ● **학습 목표** ● ● ● ● ●

1. 학습능력과 뇌의 3중 구조의 연관관계를 파악할 수 있다.
2. 학습능력의 구성요소를 알 수 있다.
3. 학습능력을 키우기 위한 구체적인 방법을 정할 수 있다.

1. 학습능력과 뇌의 3중 구조와의 관계

– 학습 = 두뇌 사용기술 훈련 → 뇌를 알면 학습이 쉬어진다.

1) **학습능력(공부하는 힘)이란?**

    ① 지식과 기술을 배우고 익히는 능력

    ② 학습에 영향을 미치는 모든 요소들의 총합

    ★ 학습능력은 타고 나는 것이 아니라 훈련을 통해서 키워지는 것

2) **뇌의 3중 구조**

    ① 에너지 공급순서: 뇌간 → 대뇌변연계 → 대뇌신피질

    ★ 뇌 속에 에너지가 충분히 채워질 때 공부도 즐겁게 할 수 있다.

② 뇌의 3중 구조 = 학습능력의 구성요소

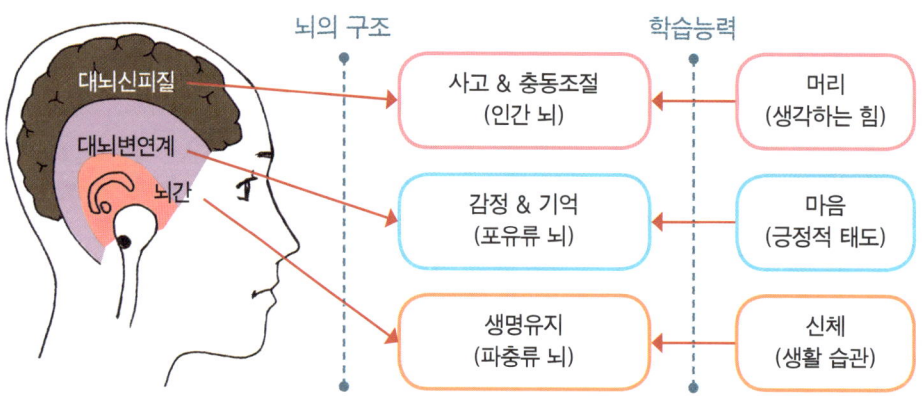

3중 구조를 이루고 있는 각각의 뇌의 기능을 알맞게 연결하세요.

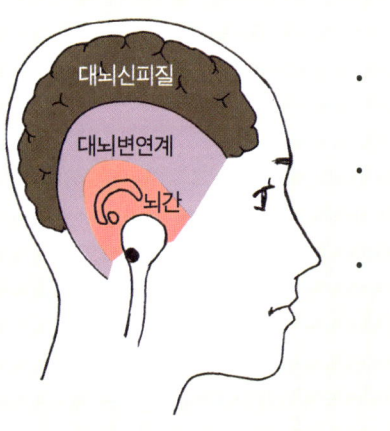

·   · 생명유지 활동

·   · 충동조절, 사고, 판단

·   · 감정, 기억

2. 학습능력의 구성요소

★ 공부는 머리로만 하는 것이 아니라 온몸(신체+마음+머리)으로 하는 것.

학습능력 구성요소	건강한 신체	안정된 마음	생각하는 힘

✏️ 다음 문항을 읽어보고 자신이 해당하는 숫자를 막대 그래프로 표시해 보세요.

아니다 ◀━━━━━━━━━━▶ 그렇다

	1	2	3	4	5	6	7	8	9
1. 나는 기상과 취침시간이 일정하다.									
2. 나는 규칙적으로 식사를 한다.									
3. 나는 짜증이 나도 공부에 집중할 수 있다.									
4. 나는 노력하면 뭐든지 잘할 수 있다.									
5. 나는 감정을 잘 조절할 수 있다.									
6. 나는 나를 칭찬하는 말을 자주 한다.									

3. 학습능력을 키우기 위한 구체적 방법

규칙적 생활습관	– 일정한 시간에 잠자고 일어나기 – 일정한 시간에 일정한 양으로 식사하기 – 시간을 정해놓고 운동하기
감정 조절 (긍정적 태도)	– 모든 상황을 나에게 도움이 되는 방향으로 해석하기 – 자기 전에 나에게 주는 칭찬 한마디 하기 – 자신을 격려하며 하루 일과 시작하기 – 화가 날 때 3초간 멈추고 생각한 후에 행동하기 – 자신의 감정을 기록해보기 – 상대방의 입장이 되어 생각해 보기

✏️ 나의 학습능력을 높이기 위한 구체적인 목표를 정하고 실천계획을 세워 보세요.

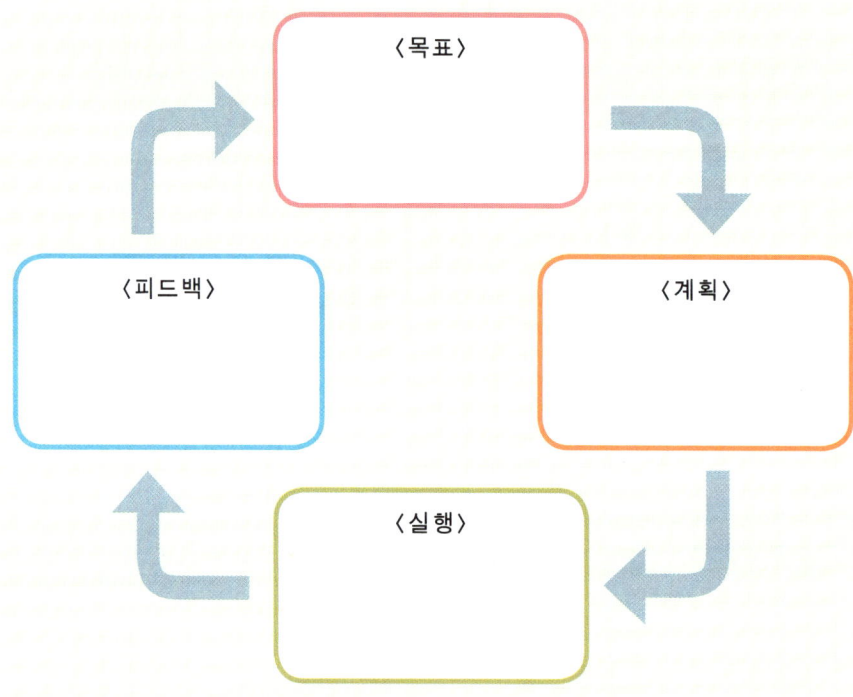

제3장

나를 이기는 습관

학습 목표

1. 환경관리의 중요성을 알 수 있다.
2. 미디어 관리의 중요성을 알고 미디어 일지를 작성할 수 있다.
3. 수면이 학습에 미치는 영향을 알 수 있다.

◉ 알아 두면 좋은 글

· 지금 잠을 자면 꿈을 꾸지만 지금 공부하면 꿈을 이룬다.

· 내가 헛되이 보낸 오늘은 어제 죽은 이가 갈망하던 내일이다.

· 성공은 아무나 하는 것이 아니다. 철저한 자기 관리와 노력에서 비롯된다.

· 시간은 지금도 계속 흘러가고 있다.

· 오늘 걷지 않으면 내일 뛰어야 한다.

· 미래에 투자하는 사람은 현실에 충실한 사람이다.

· 오늘 보낸 하루는 내일 다시 돌아오지 않는다

· 불가능이란 노력하지 않는 자의 변명이다.

· 노력의 대가는 이유 없이 사라지지 않는다.

1. 환경관리의 중요성

1) 학습과 주변 환경

　① 자신의 의지대로 변화시킬 수 있는 환경

　　– 생각할 수 있는 환경으로 **조성**해야 함

　　예) 책상 정리, 컴퓨터 위치, 핸드폰 관리 등

　② 자신의 의지대로 변화시킬 수 없는 환경

　　– 긍정적인 마음으로 **적응**해야 함.

　　예) 가족관계, 친구, 선생님, 층간소음, 집에 공부방이 없는 것 등

2) 공부방 환경 정리

　① 책상 및 책장 정리 : 학생 스스로 정리

　　– 학습에 관련된 책 : 책상에 앉았을 때 손닿는 가까운 곳에 배치

　　– 학습에 관련되지 않은 책 : 책장의 맨 위쪽이나 책장 아래쪽에 배치

　② 스탠드 : 책상에 앉았을 때 그늘이 지지 않는 위치

환경 관리 상황 점검표

작성 날짜		학교		학년		이름	

◇ 평소 학습을 하는 상황만을 고려해서 작성합니다.

◇ 가급적이면 점수를 0점은 주지 마세요.

◇ 최대한 솔직히 작성해 주세요.

◇ 해당하는 점수에 연필로 • 표시를 합니다.

◇ • 표시를 서로 연결해 주세요.

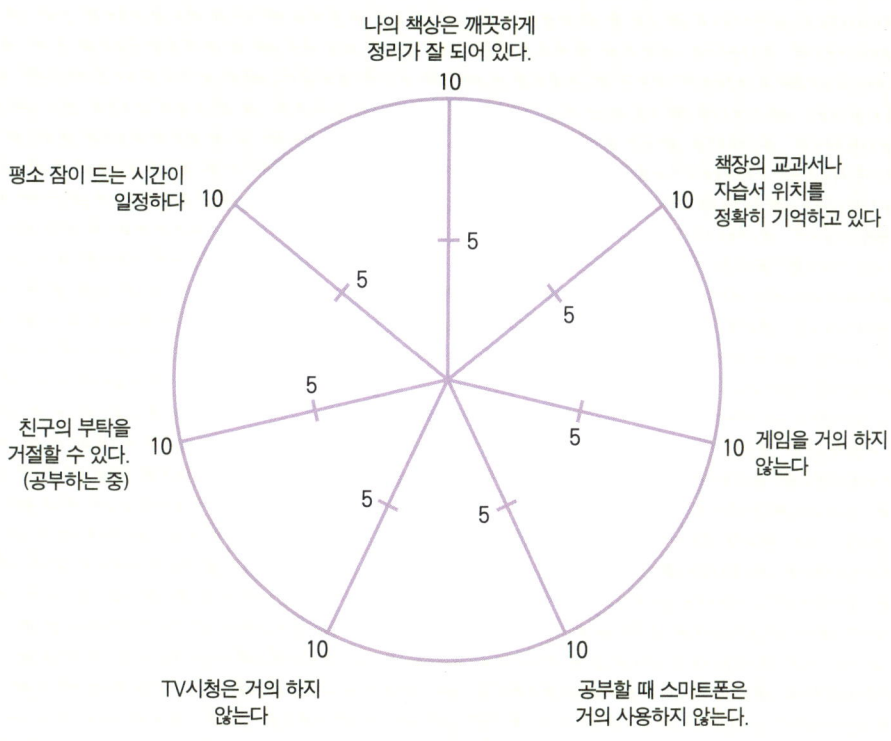

2. 미디어 관리의 중요성

1) 게임이 뇌에 미치는 영향

✏️ 아래 게임 뇌의 빈칸을 채워보세요.

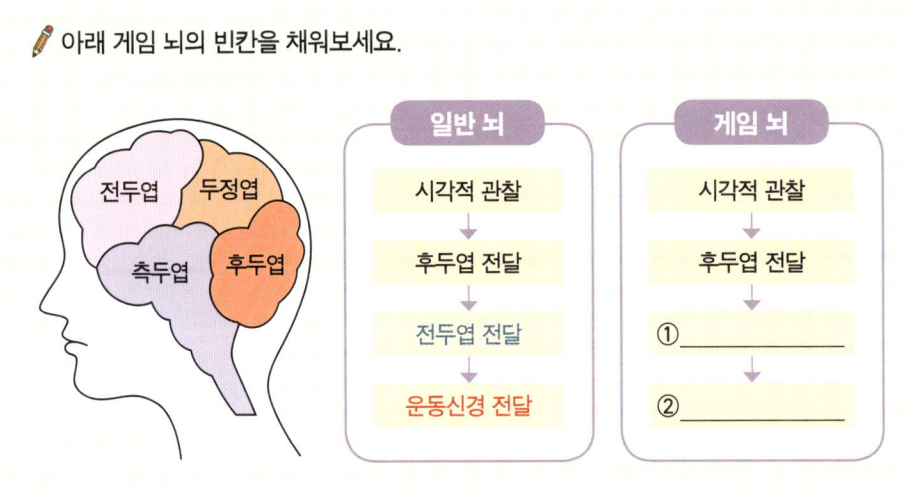

- 장기간 게임을 하고 나면 전원을 끈 이후에도 후두엽의 활성화 상태 지속됨.

  → 학습, 수면 방해 / 집중력, 기억력, 이해력, 문제 해결 능력 저하

2) 스마트 폰이 뇌에 미치는 영향

  : 팝콘 브레인 현상 발생

  - 팝콘 브레인 : 스마트폰의 게임 · 동영상을 자주 보게 되면 빠르고 강한 정보에는
    익숙하게 되지만 현실 세계의 느리고 약한 자극에는 반응을 안 하는 뇌를 뜻함.
  - 주의집중력과 학습에 대한 흥미 저하

3) 전자파 노출

- 멜라토닌의 생성을 방해함
- 멜라토닌 : 수면호르몬으로서 성호르몬과 종양세포를 억제, 면역기능에 관여함

4) 미디어 일지 작성하기

　– 자신이 하루에 전자기기를 얼마나 사용하는지 알고 관리하기 위해 작성

　– 개선해야 할 부분이 있다면 이를 해결하기 위한 개선방법을 작성하고 실천해야 함

미디어 일지

날짜	시간				합계
	스마트폰	컴퓨터 게임	인터넷	TV 시청	

✏️ 나만의 개선 방법을 찾아봅시다!

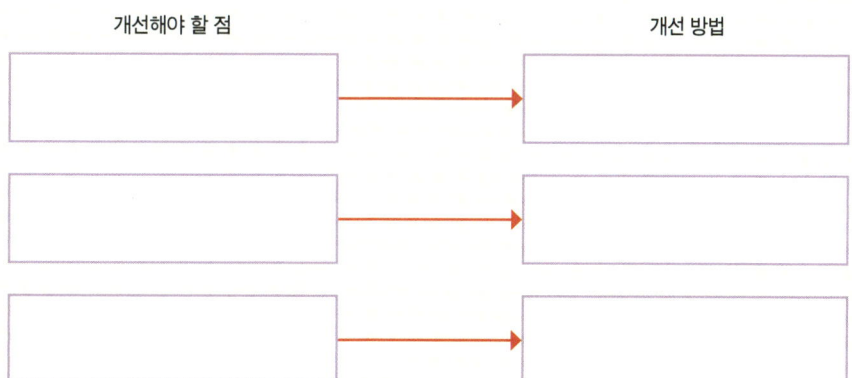

개선해야 할 점 　　　　　　　　　　　　　개선 방법

3. 수면과 학습의 연관성

✏️ 수면이 학습에 어떤 영향을 미치는지 생각해 보고 작성해 봅시다.

- 잠을 잘 자지 못했던 날 어떠했었는지를 떠올려 보고 구체적으로 적어보세요.

▶ 숙면을 취하는 방법

- 잠자기 전 음식물 조절하기

- 아침에 일찍 일어나기 : 수면 호르몬 멜라토닌 분비 조절

- 꾸준히 운동하기

- 잠들기 전에 TV나 스마트 폰, 컴퓨터 등의 사용 자제하기

수면부족이 뇌 기억력 저하를?

수면부족이 외부자극을 기억과 관련된 정보로 바꿔주는 해마의 기능을 저하시켜 뇌의 기억능력을 심각하게 떨어뜨린다는 연구결과가 미국 유명 잡지에 게재됐다.

유 교수는 잠을 잘 못자거나 밤을 샌 다음날 일어난 일을 제대로 기억하지 못하는 현상에 대해 기능 MRI를 통해 연구한 결과, 수면 부족시 새로운 기억의 생성 및 유지에 관여하는 뇌의 해마 기능이 일시적으로 저하된다는 사실을 밝혀냈다. 그동안 수면이 기억과 학습에 필요한 기억강화에 중요한 역할을 한다는 사실을 알려져 있었으나 새로운 정보 습득과 수면의 역할 관계에 대한 연구는 전혀 이뤄지지 않고 있었다.

유 교수는 18~30세의 건강한 사람 28명을 14명씩 2개 집단으로 나눠 한 집단은 35시간 이상 수면을 취하지 못하게 하고, 다른 대조집단은 평소처럼 7~9시간의 충분한 수면을 취하게 한 후 이틀이 지나 자신이 보았던 사진을 기억, 구별할 수 있는지를 기능 MRI 촬영을 통해 검사했다. 그 결과 수면이 부족한 실험자들은 정상 수면자에 비해 기억능력이 19%가량 떨어진 것을 확인했다.

유 교수는 "기능 MRI 분석 결과 수면부족이 해마의 기능을 일시적으로 저하시켜 기억을 떨어뜨리고 뇌의 시상과 뇌줄기가 저하된 해마의 기능을 보조하는 현상도 확인했다"면서 "장기간 축적된 수면부족이 결국 인간의 기억과 학습에 영향을 미친다는 것을 입증한 연구결과"라고 말했다.

2007. 2. 12. 한국경제신문 인용

유승식 KAIST · 하버드대 겸직교수 논문 '네이처 뉴로사이언스' 온라인판에 게재

제4장

학습의 엔진, 감정조절능력

• • • • • 학습 목표 • • • • •

1. 감정이 학습에 미치는 영향력을 알 수 있다.
2. 감정조절능력(정서지능)의 구성요소를 이해할 수 있다.
3. 감정조절능력을 향상시키는 구체적인 방법을 알고 실행할 수 있다.

1. 감정이 학습에 미치는 영향력

1) 대뇌변연계의 중요성

　① 감정과 기억 : 편도체와 해마의 상호작용

　　- 편도체 : 공포, 분노, 기쁨 등 기본적인 감정을 관장함

　　- 해마 : 단기기억의 창고역할을 담당하며 인간의 기억을 관장함

　　　해마와 편도체가 가까이 위치하며, 감정이 안정되지 않을 경우 편도체에 에너지
가 충분히 공급되지 않아서 해마의 기억관련 시스템이 제대로 작동하지 않게 됨

2) 대뇌변연계와 전두엽의 상호작용

　① 마음을 잘 다스려야 머리를 잘 쓴다!

- 감정을 관장하는 대뇌변연계와 이성을 관장하는 전두엽이 연결되어 있어서 감정과 인지가 상호작용을 할 때 뇌가 최적상태를 유지함

  : 뇌의 에너지 공급순서에 따라 대뇌변연계에 에너지가 충분히 채워졌을 때 전두엽이 활발하게 활동함

② 성공의 기초, 자기 통제력

- 전두엽 : 원시적 충동과 감정 조절
- 전두엽이 활성화 되어 자기 통제력을 지닐 때 학습을 지속할 수 있음(몰입)

🖋 다음 문장을 읽고 ( )안에 O, X를 표시해 보세요.

1) 감정조절은 공부를 잘하는 것과 전혀 상관이 없다. ( )

2) 감정을 잘 다스릴 때 전두엽이 활발하게 활동할 수 있다. ( )

3) 대뇌변연계는 감정을 관장하는 기관으로 기억 활동과는 무관하다. ( )

2. 감정조절능력, 정서지능(Emotional Intelligence: EQ)

1) 정서지능(Emotional Intelligence: EQ)이란?

자신과 다른 사람의 감정을 인식하고 표현하며 효과적으로 조절 할 수 있는 능력

+

자신의 생각과 행동을 결정하는데 감정을 적절하게 활용하는 능력

마음의 힘 : 자신을 제어하고 동기를 부여하며 어려움을 극복함

2) 정서지능의 구성요소

① 자신의 감정을 인식하는 것(자기인식)

 - 자신의 감정을 인지하고 그 감정에 이름을 붙이는 능력

 - 자신의 감정이 발생하는 이유를 이해하는 능력

 - 감정과 행동 간의 차이를 인지하는 능력

② 자신의 감정을 관리하고 조절하는 것(자기조절)

 - 자신의 감정을 적절히 표현하는 능력

 - 공격적인 행동과 자기 파괴적인 행동을 절제하는 능력

 - 자신과 가족 및 학교에 대해 보다 긍정적인 감정을 갖는 능력

 - 스트레스에 잘 대처하는 능력

③ 자신의 감정을 생산적으로 활용하는 것(자기 동기화)

 - 자신에 대해 책임을 지는 능력

 - 현재 하고 있는 일에 열중하는 능력

 - 인내심을 갖고 상황을 견디는 능력

 - 자신이 처한 상황을 긍정적으로 생각하는 능력

 ⇒ 최선을 다해 일하며, 어떤 장애물이나 난관에 직면하더라도 좌절하지 않고
   희망을 갖고 지속적으로 헤쳐 나가는 힘

④ 다른 사람의 감정을 읽을 줄 아는 것(감정이입, 공감)

 - 다른 사람의 감정에 민감하고 다른 사람의 감정을 수용하는 능력

 ⇒ 자신의 감정을 잘 표현하면 할수록 다른 사람의 감정도 잘 읽을 수 있음

⑤ 다른 사람과의 관계를 맺는 것(대인관계기술)

- 인식한 다른 사람의 감정에 적절하게 대처하여 관계를 형성하는 능력
- 의견이 상충될 때 갈등을 해결할 수 있는 능력
⇒ 사회적 성공의 필수요건

3. 감정조절능력을 향상시키는 방법

1) 자신의 감정 알기

- 감정은 좋고 나쁜 감정이 있는 것이 아니라, 욕구가 충족되었을 때와 충족되지 않았을 때 다르게 나타나는 것
- 감정 일기 쓰기
: 하루를 돌아보며 자신이 느꼈던 감정의 이름을 붙여서(감정단어 사용) 기록함

날짜	오늘 나의 감정	그 감정이 생긴 이유는 무엇일까?	감정을 어떻게 표현했나?

2) 자신의 감정 조절하기

- 일단 멈추고 생각하여 행동하기(STC훈련)

> **STC훈련**
> - Stop: 잠깐 멈추어 크게 심호흡하고(감정인식)
> - Think: 잠시 생각하고(자신의 감정을 일으키는 원인과 자신이 원하는 것)
> - Choose: 내가 행동할 반응을 선택

- 자신의 감정을 일으키는 원인과 자신이 원하는 것이 무엇인지 생각해보고, 자신의 감정과 원하는 것을 표현함

  예〉 나는 친구랑 같이 영화보기를 바랬는데, 친구가 다른 친구랑 이미 봤다고 해서 속상해. 다음엔 나와 같이 영화 보면 좋겠어.

3) 상황을 긍정적으로 해석하기

- 상황은 스스로 바꿀 수 없지만 상황을 대하는 태도는 스스로 선택할 수 있음

  : 모든 상황을 자신에게 도움이 되는 방향으로 생각하기(플러스 발상)

- 내게 일어난 문제 상황을 긍정적으로 바라보면서도 그 문제를 제대로 해결할 수 있도록 원인을 정확히 파악할 것

- 현재의 행복을 찾고 감사하기 : 감사메모

4) 스트레스 조절하기

- 스트레스 : 적응하기 어려운 환경에 처할 때 느끼는 심리적, 신체적 긴장상태

  • 디딤돌(eustress) vs 걸림돌(distress)

- 스트레스에 따른 성취도의 변화

: 적절한 스트레스는 집중력과 기억력을 높여줌

⇒ 무조건 오랜 시간 책상 앞에 앉아 있기 보다 쉴 때는 쉬고, 좋아하는 것을 즐기면서 긴장을 덜 느끼는 상태를 유지하는 것이 중요

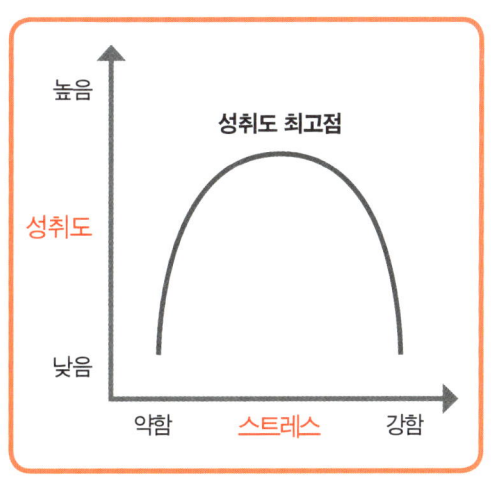

5) 다른 사람과 공감하기

- 다른 사람이 말할 때 주의를 기울여 경청(傾聽)하기
- 역지사지(易地思之): 다른 사람의 입장이 되어 생각해보기

✏️ 다음 상황을 해석하는 방향에 따라 감정과 행동이 어떻게 될지 〈보기〉를 참고하여 빈칸에 적어보세요.

〈보기〉
상황 : 열심히 시험 준비를 했는데, 오히려 시험 성적이 많이 떨어졌다.

	+ 방향 (긍정적)	– 방향 (부정적)
해석	시험공부의 문제점을 파악해서 고친다면 다음엔 성적을 올릴 수 있어	시험 준비를 열심히 했는데도 성적이 이렇게 떨어졌다니 난 공부체질이 아닌가봐
느낌	아쉽지만 다시 할 수 있어	속상해, 짜증나, 난 노력해도 안 돼
행동	시험분석을 통해 시험준비 기간과 시험당일의 문제점을 파악하여 보완	스마트폰 게임을 즐김 수업시간에 졸고 집중 안함

상황 : 친한 친구가 다른 친구의 말을 듣고 나를 오해하여 내게 화를 냈다.

	+ 방향 (긍정적)	– 방향 (부정적)
해석		
느낌		
행동		

제5장

시간 관리의 달인이 되는 법

• • • • • 학습 목표 • • • • •

1. 우선순위의 기준을 알고 시간을 관리하는 방법을 알 수 있다.
2. 시간가계부를 작성할 수 있다.
3. 시간의 통계를 내어 시간도둑을 잡을 수 있다.

◉ 웨인 다이어의 시간의 소중함

1년의 소중함을 알고 싶으면 1년 동안 시험 준비했지만 낙방한 사람한테 물어보고,

1달의 소중함은 1달 부족한 미숙아를 난 산모에게,

1주일의 소중함은 주간지 편집장에게,

하루의 소중함은 하루 벌어서 하루 먹고사는 가장에게,

1시간의 소중함은 애인을 위해서 1시간을 기다려야 하는 사람에게,

1분의 소중함은 1분차로 비행기를 놓친 사람에게,

1초의 소중함은 1초 차이로 대형 참사를 모면한 사람에게,

1/10초의 소중함은 올림픽에서 은메달 딴 사람에게 물어봐라.

● 하루 86,400원의 통장

"만약에 당신의 통장에 매일 밤 자정에 86,400원의 돈이 생겨나고 다음날 자정이 되면 그 돈은 모두 사라지고 새로 86,400원이 생긴다면 당신은 통장에 잔고를 남겨 놓으시겠습니까 아니면 그 돈을 모두 꺼내어 사용하겠습니까?"

1. 시간 관리의 우선순위 관리법

- 시간을 관리하기 위해서 제일 먼저 해야 할 일 : 우선순위 정하기
- 우선순위 정하는 기준 : 긴급성과 중요성

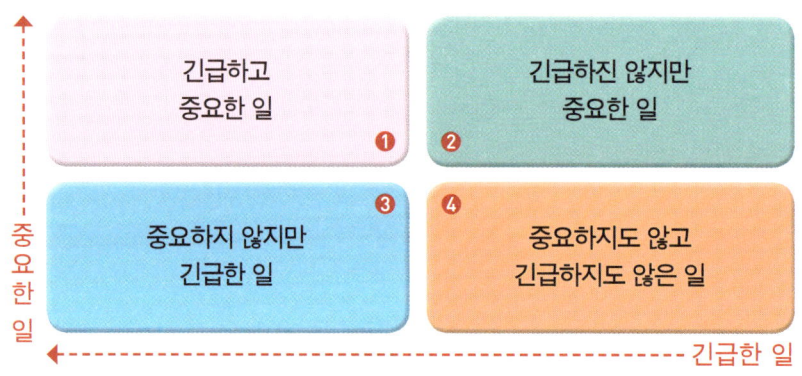

1) 긴급하고 중요한 일(1사분면)

- 중요하면서도 급하기까지 해서 대부분 많은 시간을 할애하는 활동
- 긴급성과 중요성이 높기 때문에 상대적으로 일에 대한 몰입도가 좋음
- 긴급성으로 인하여 꼼꼼히 처리할 수 없게 되어 실수하는 상황이 발생 될 수 있음

2) 긴급하진 않지만 중요한 일(2사분면)

- 다른 어떤 것보다 자발성과 주도성이 필요함
- 중요한 일을 급하지 않다는 이유로 자꾸 미루다 보면 결국 이 일들이 1사분면

으로 이동하게 되어 일을 효과적으로 처리해 낼 수 없는 상황이 발생할 수 있음

 - 성공하는 사람들은 2사분면의 활동에 시간을 잘 활용하는 경우가 많음

3) 긴급하지만 중요하지 않은 일(3사분면)

 - 별다른 의미가 없거나 자신의 목표와 상관없이 시간을 소비하는 경우

 - 상황에 따라 다른 사람에게 위임해서 해결할 수도 있음

4) 긴급하지 않고 중요하지 않은 일(4사분면)

 - 시간이 가장 많이 낭비되는 영역

 - 중독성이 강한 것들이 많아 조절하는 것이 쉽지 않음

🖊 자신의 하루를 4분면으로 나누어 기록해 보세요.

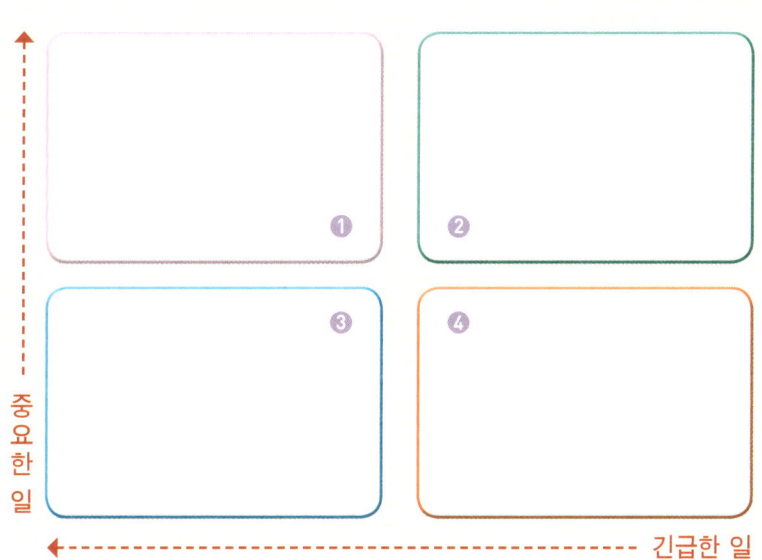

✏️ 4가지 영역 중 가장 중요한 영역은 무엇일까요?

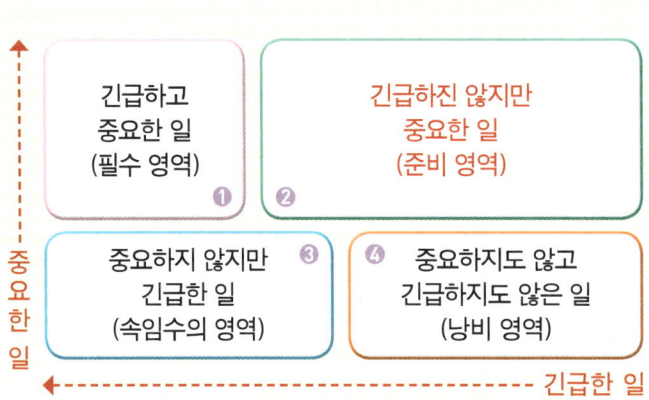

2. 시간 가계부 작성하기

    – 시간 가계부를 작성해야 하는 이유: 시간을 효과적으로 사용하기 위해서

    – 시간 가계부를 작성하는 방법

    ① 하루를 어떻게 보냈는지 매일 기록

    ② 기록한 시간들을 분류하여 통계를 냄

시간 가계부 작성하기

시간	월		화		수		목		금		토		일	
	월	일	월	일	월	일	월	일	월	일	월	일	월	일
오전 5시														
오전 6시														
오전 7시														
오전 8시														
오전 9시														
오전 10시														
오전 11시														
오전 12시														
오후 1시														
오후 2시														
오후 3시														
오후 4시														
오후 5시														
오후 6시														
오후 7시														
오후 8시														
오후 9시														
오후 10시														
오후 11시														
오후 12시														
오전 1시														
가용시간														

1) 나의 시간을 분석하라!

✏️ 나는 일주일을 어떻게 보내고 있나요?

항목	일주일간 사용시간(분)	항목	일주일간 사용시간(분)

2) 시간 도둑을 잡아라!

- 시간도둑이란 : 3사분면, 4사분면에 해당하는 일

나의 시간 도둑	도둑 잡는 방법

- 시간도둑을 잡아 확보된 시간에 사용할 2사분면의 활동계획을 작성한다.

꿈을 이루기 위해 필요한 활동

제6장

실천 가능한 학습계획 세우기

• • • • • 학습 목표 • • • • •

1. 고정시간과 가용시간의 의미를 정확히 설명할 수 있다.

2. 전략 과목을 정하여 예습과 복습을 실천할 수 있다.

3. 나에게 맞는 학습계획을 세울 수 있다.

1. 고정시간과 가용시간

1) **고정시간 파악하기**

   - 내 마음대로 바꿀 수 없는 시간

   - 학교시간, 학원시간, 수면시간, 식사시간, 이동시간, 과제시간 등

2) **가용시간 파악하기**

   - 내 마음대로 사용할 수 있는 시간

   - 가용시간 = 24시간 - 고정시간

3) **예비시간 확보하기**

   - 실천하지 못했던 계획들을 점검하여 다시 실천할 수 있는 여유 시간

2. 실천 가능한 학습계획 세우기

1) 요일별 고정시간 파악하기

2) 요일별 가용시간 파악하기

3) 가용시간 안에 자주도시간 확보하기

　① 자기주도학습시간 배정하기

　　- 전략과목(목표를 세워 전략적으로 학습을 할 과목)을 정함

　　- 처음에는 학교 수업의 복습과 예습부터 시작

　　- 복습을 할 때는 전 시간에 배웠던 부분도 한 번 더 복습해야 함

　　- 목차를 활용하거나 학습목표를 읽어보고 교과서나 참고서에서 핵심내용을 확
　　　인하는 예습 실시

　② 준비영역 활동시간 배정하기

4) 요일별 자주도 시간에 실천할 구체적인 계획 세우기

	가용시간	자주도 시간	실천 항목	내용
월				
화				
수				
목				
금				
토				
일				

5) 예비시간 확보하기

3. 학습계획 점검하기(피드백)

▶ 일일계획점검표 활용

① 가용시간, 나에게 주는 긍정 한마디 작성

② 당일 해야 할 일 작성

  - 계획한 학습관련 사항 및 운동, 독서 등

  - 새롭게 해야 할 수행 과제

  - 다음 날 수업준비 사항 등

③ 하고 싶은 일 작성 - 쇼핑, TV시청 등

④ 각 항목에 대한 예상시간 작성

⑤ 실천여부 및 실제 시간 작성

⑥ 나에게 주는 칭찬 한마디 및 하루계획 실천도 평가

주간 학습 계획표

시간	월 월 일	화 월 일	수 월 일	목 월 일	금 월 일	토 월 일	일 월 일
오전 5시							
오전 6시							
오전 7시							
오전 8시							
오전 9시							
오전 10시							
오전 11시							
오전 12시							
오후 1시							
오후 2시							
오후 3시							
오후 4시							
오후 5시							
오후 6시							
오후 7시							
오후 8시							
오후 9시							
오후 10시							
오후 11시							
오후 12시							
오전 1시							
가용시간							

일일 계획 점검하기

• 날짜 : 20   년   월   일   요일   • 오늘의 가용시간 :   분

나에게 주는 긍정 한마디:

	구분(과목)	내용	시간(분)	
			예상	실제
해야 할 일				

	구분(과목)	내용	시간(분)	
			예상	실제
하고 싶은 일				

나에게 칭찬 한마디!

목표 성취도는 몇 점?

제7장

공부가 쉬워지는 **학습**의 **원리**

● ● ● ● ● **학습 목표** ● ● ● ● ●

1. 인지심리학 관점에서의 학습의 원리를 알 수 있다.
2. 뇌 속에서의 정보처리 과정을 통해 학습의 원리를 이해할 수 있다.
3. 학습의 원리를 응용하여 4단계 완전학습을 할 수 있다.

1. 인지심리학 관점에서의 학습의 원리

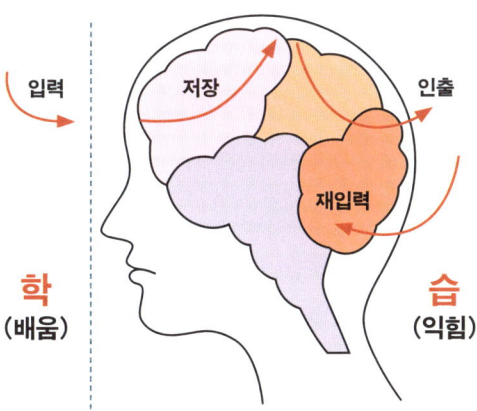

1) 학습(學習)의 원리

　- 뇌로 들어오는 정보들을 받아들여(입력) 모으고 분석, 필요한 것을 선택하여 저장
　　한 후에 저장된 정보를 필요한 때에 적절하게 꺼내어서(인출) 목적에 맞게 사용함
　　→ 학(學: 배움)과 습(習: 익힘)의 균형이 중요 !

2. 뇌 속에서의 정보처리 과정

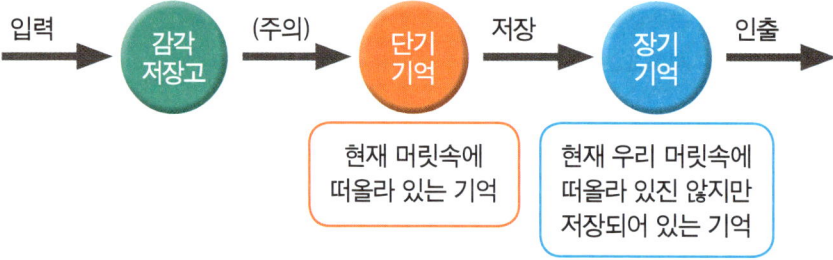

1) 주의(Attention)

　- 엄청난 양의 자극 중에서 우리에게 의미가 있는 것을 골라 처리하는 선별력
　→ 주의를 받은 것만 단기기억으로 들어옴(학습의 시작)

2) 단기기억(Short-term memory)

　- 단기기억 내에 동시에 떠올릴 수 있는 정보의 양은 7±2개
　- 단기기억의 용량이 제한되어 있기 때문에 장기기억에 저장될 기회를 잡지 못하면
　　망각됨 → Chunking(청킹, 의미덩어리 만들기) : 단기기억 용량 늘리기

3) 장기기억(Long-term memory)

　- 반복을 통해 단기기억에서 장기기억으로 저장
　- 새로운 정보를 재구성하는 부호화(encoding)과정을 통해 장기기억으로 저장

✏️ 뇌 속의 정보처리 과정을 생각하며 다음을 짝지어 보세요.

단기기억   인출   장기기억

3. 학습의 원리를 응용한 4단계 완전학습

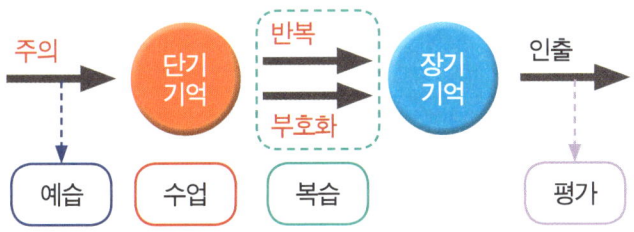

1) 주의력을 키우는 예습

  - 다음 수업시간에 배울 내용을 미리 살펴보는 것

  ⇒ 새로운 배움을 받아들이기 위한 준비과정(흥미와 관심)

2) 집중하여 이해하는 수업

　- 수업시간에 배운 내용이 단기기억에서 잠시 머물다가 사라지지 않도록 집중하여

　　이해하기(이미 알고 있는 지식과 새로운 지식을 관련짓기)

　⇒ 의미 있는 정보로 기억

3) 수업을 저장하는 복습

　- 수업시간에 배운 내용을 반복하며 다시 구성하고 정리하여 기억하는 과정

　⇒ 배운 내용을 내 것으로 완전하게 소화

4) 학습의 결과를 확인하는 평가(문제풀이)

　- 예습, 수업, 복습을 통해서 학습한 결과를 확인하는 과정

　⇒ 장기기억에 저장해 놓은 정보를 필요할 때 인출하는 연습

　✏️ 〈보기〉의 완전학습 과정을 우주탐사 과정과 알맞게 짝지어 보세요.

　　〈보기〉　① 예습　② 수업　③ 복습

　　1) 우주탐사 전에 탐사할 내용을 미리 정리함 ⇒ (　　　)

　　2) 우주에 대한 체험학습 (탐사 중) ⇒ (　　　)

　　3) 우주탐사 결과를 정리하고 습득함 ⇒ (　　　)

제8장

수업시간을 정복하라!

● ● ● ● ● **학습 목표** ● ● ● ● ●

1. 수업을 준비하는 예습을 할 수 있다.
2. 수업시간 집중하는 방법을 알 수 있다.

1. 예습으로 수업 준비하기

1) 예습 vs 선행학습

- 예습 : 다음 수업에 배울 내용을 미리 익히는 것
- 선행학습 : 한 학기 이상 앞서서 배울 것을 익히는 것

2) 예습이란?

- 수업 미리보기(예고편)

: 영화나 드라마의 예고편을 보면 흥미가 더해지는 것처럼 수업할 내용을 미리 보면서 생각해봄으로써 수업에 대한 관심을 높이는 것(학습의 준비)

| 다음 수업의
핵심 찾기 | + | 이미 배운 내용 중에
새로 배울 내용과
연관된 개념 정리 | + | 아는 것과
모르는 것 구분 |

3) 예습의 효과

① 기존 지식이 활성화 되어 새로운 지식을 습득하기 쉬워지므로 수업내용의 이해 가 잘됨

② 수업시간에 무엇을 공부해야 하는지 목표의식이 생겨 수업 집중이 잘됨

③ 주도적인 학습을 통해 성취감을 느끼며 공부의 흥미를 갖게 됨

4) 예습의 방법

① 예습의 단서 : 목차, 학습목표, 제목, 단원정리

  - 목차 : 단원의 구조 파악

  - 학습목표 & 단원정리 : 수업의 핵심 찾기

② 훑어 읽기 : 교과서의 대략적인 내용을 살핌

③ 용어파악 : 모르는 단어나 용어가 있을 때 사전이나 참고서를 찾아 그 뜻 파악함

④ 과목별 예습 방법

  - 사회, 역사 : '목차'를 활용한 전체구조 파악, '학습목표'를 통해 핵심 찾기

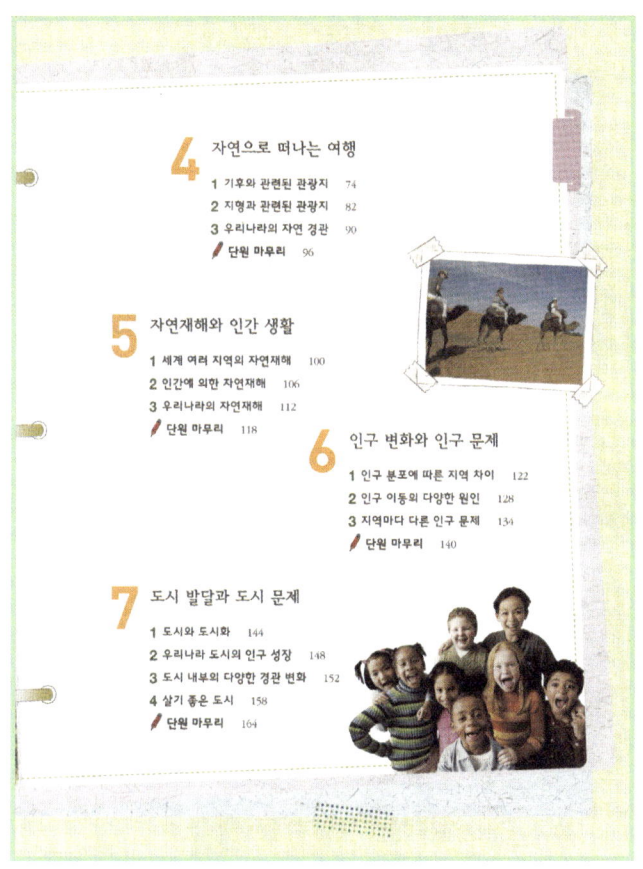

〈사회 교과서 목차(중1 사회 – 신사고) 예시〉

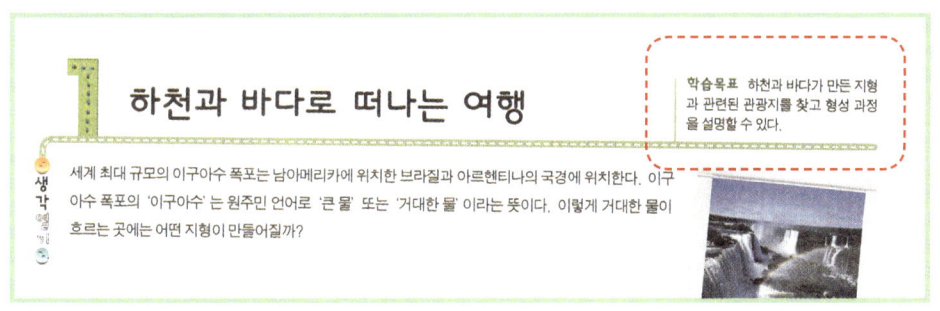

1 하천과 바다로 떠나는 여행

학습목표 하천과 바다가 만든 지형과 관련된 관광지를 찾고 형성 과정을 설명할 수 있다.

생각해보기 세계 최대 규모의 이구아수 폭포는 남아메리카에 위치한 브라질과 아르헨티나의 국경에 위치한다. 이구아수 폭포의 '이구아수' 는 원주민 언어로 '큰 물' 또는 '거대한 물' 이라는 뜻이다. 이렇게 거대한 물이 흐르는 곳에는 어떤 지형이 만들어질까?

〈사회 교과서 학습목표(중1 사회 – 신사고) 예시〉

〈국어 교과서 '단원의 길잡이'(중1국어 - 신사고) 예시〉

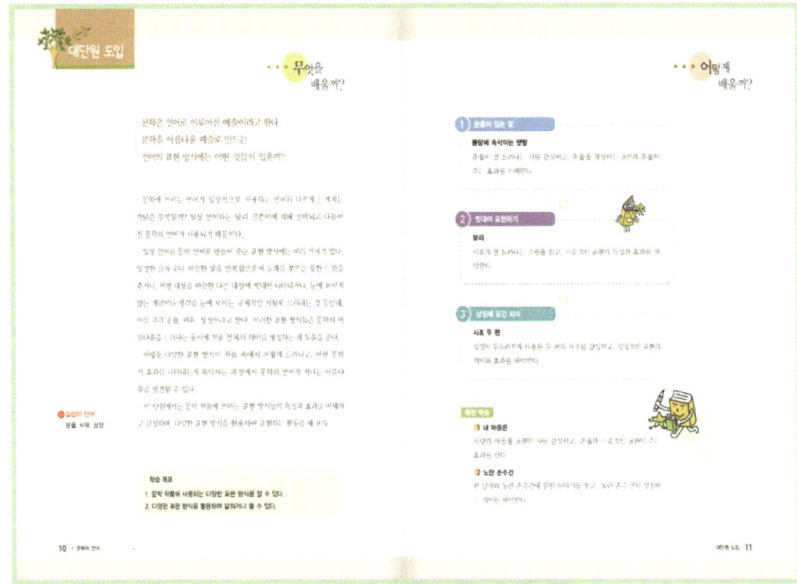

〈국어 교과서 '학습활동'(중1국어 - 신사고) 예시〉

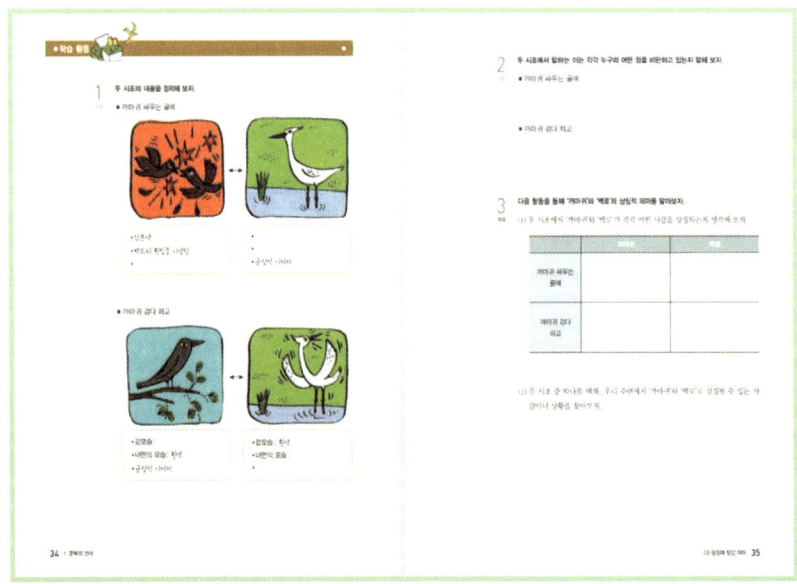

<사회 교과서(중1 사회 – 신사고) 예습 실습>

✏️ 아래의 사회교과서를 읽고 표의 빈 칸을 채우면서 수업의 예고편을 만들어 보세요.

1 하천과 바다로 떠나는 여행

🔮 생각 열기

세계 최대 규모의 이구아수 폭포는 남아메리카에 위치한 브라질과 아르헨티나의 국경에 위치한다. 이구아수 폭포의 '이구아수'는 원주민 언어로 '큰 물' 또는 '거대한 물' 이라는 뜻이다. 이렇게 거대한 물이 흐르는 곳에는 어떤 지형이 만들어질까?

| 하천이 만들어 놓은 독특한 경관 |

하천은 지표면을 따라 흐르면서 침식 · 운반 · 퇴적 작용을 하며 지표면의 모양을 변화시킨다. 하천의 상류로 갈수록 침식 작용이 활발하며, 하류로 갈수록 퇴적 작용이 활발하여 다양한 지형 경관을 만들어 낸다.

북아메리카의 나이아가라 폭포와 남아메리카의 이구아수 폭포, 미국의 그랜드 캐니언 등은 하천의 침식에 의한 경관을 볼 수 있는 대표적인 관광지이다. 반면 북부 아프리카의 나일 강 하구*와 동남아시아의 메콩 강 하구에는 하천의 퇴적에 의한 넓은 평야가 발달하였다.

이렇게 하천을 따라 형성된 계곡, 폭포, 평야 등은 사람들에게 다양한 볼거리를 제공하여 유명한 관광지로 이용되기도 한다.

하구* 하천과 바다가 만나는 지점이다.

● 나일 강 하구의 삼각주 평야 하천에 의해 운반된 물질이 하구에 쌓여 퇴적된 평야이다. 이때 퇴적된 평야의 모습이 삼각형 모양을 하고 있어 삼각주라고 부른다.

상류로 폭포 후퇴

물살 부분 붕괴

단단한 암석층

폭포 아래
웅덩이 발달

약한 암석층

● 움직이는 폭포 폭포가 떨어지는 곳은 침식 작용이 진행되어 아래에는 깊은 웅덩이가 발달하며, 절벽 부분이 계속 깎여 나가 폭포의 위치가 점차 상류 쪽으로 후퇴한다.

● 나이아가라 폭포

2 지형과 관련된 관광지 | 83

바다가 만들어 놓은 해안 경관

파랑* 바람에 의해 나타나는 바다의 물결이다.

연안류* 연안을 따라 흐르는 해류를 말한다.

조류* 밀물과 썰물의 움직임을 말한다.

시스택* 파랑의 침식으로 육지와 분리된 바위섬이다.

육지와 바다가 만나는 곳을 해안이라고 한다. 해안에서는 파랑*, 연안류*, 조류* 등의 영향에 의해 다양한 지형 경관이 만들어진다.

바다로 돌출된 곳에서는 파랑에 의한 침식 작용이 활발하여 해안 절벽, 해식동, 시아치, 시스택* 등의 해안 침식 지형이 나타난다. 오스트레일리아 남쪽 해안의 그레이트 오션로드는 이러한 침식 지형을 볼 수 있는 세계적인 관광지이다.

육지 쪽으로 깊숙이 들어간 만에는 파랑과 연안류의 퇴적 작용으로 모래사장인 사빈이 형성되어 해수욕장으로 이용된다. 또한 조류의 퇴적 작용으로 만들어진 갯벌은 체험 학습장이나 생태 관광 자원으로 활용된다.

파랑의 작용

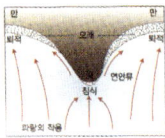

단원명	
이번 수업에서 꼭 알아야 할 것은? (학습목표)	
이미 배운 내용 중에 새로 배울 내용과 연관된 개념은?	

2. 수업시간 집중하기

1) 수업의 목표
- 집중하여 수업내용을 완벽하게 이해하는 것

2) 올바른 자세
① 자세의 중요성

: 신체부분의 에너지 쓰임새를 결정하고 그 유지시간을 좌우

② 허리 : 곧게 펴고 등받이에 붙임

⇒ 허리를 곧게 펴야 뇌에 필요한 산소공급이 충분히 이뤄지며, 모든 신경이 밀집되어 있는 척추가 눌리지 않아서 장시간 집중력 유지

3) 경청(傾聽)
- 몸과 마음을 말하는 사람에게 기울여 주의 깊게 듣는 것

① 선생님과 눈 마주치기(Eye contact)

② 선생님 말씀에 반응하기 : 고개 끄덕이기

4) 수업내용 메모하기
① 기억의 단서를 남기기 위해 빠르게 기록 : 메모

② 기록하는 과정 자체가 기억에 도움이 됨(에피소드 기억)

제9장

복습으로 수업을 저장하라!

● ● ● ● **학습 목표** ● ● ● ●

1. 복습의 중요성을 이해할 수 있다.
2. 체계적인 반복을 통한 복습방법을 알 수 있다.
3. 배운 내용을 재구성하여 정리하고 반복학습을 할 수 있다.

1. 복습의 중요성

1) 복습이란?

- 수업을 통해 입력된 정보들을 저장하는 과정

① 학습에서 습(習: 익힘)의 시간 = 학습된 정보를 재확인하고 정리하는 과정

② 배운 내용을 소화하여 내 것으로 만드는 단계(단기기억 → 장기기억)

2) 단기기억을 장기기억으로 저장하기 위한 방법

① 반복 : 우리 뇌는 반복한 것을 중요하다고 인식함

② 부호화(encoding) : 정보의 재구성

- 정교화(관련짓기) : 기존 지식과 새로운 정보를 관련지어 통합

- 조직화(정리정돈) : 정보를 분류하여 정리(인출단서 만들기)

2. 체계적인 반복학습

1) 주기적 반복(에빙하우스 이론)

- 복습은 배운 후에 되도록 빨리 하고 주기적으로 반복하는 것이 중요!
- 10분 후 ⇒ 24시간 후 ⇒ 1주일 후 ⇒ 1개월 후 ⇒ 장기저장

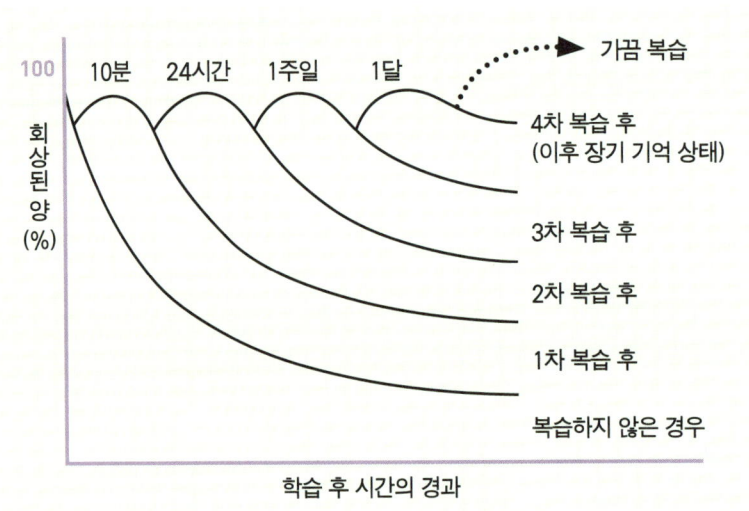

2) 누적반복(시스템복습 5회독)

- 누적반복을 통해 체계적으로 저장할 수 있도록 도와주는 시간관리 시스템
  〈예〉 매일 영단어를 1시간씩 암기한다면 1일차에는 새로운 단어를 암기하는데
  그 시간을 다 사용하지만, 2일차부터는 1일차에 암기한 단어를 다시 암기
  하고 새로운 단어를 암기, 3일차에는 1일차, 2일차에 암기한 것을 다시 보
  고 새로운 단어를 암기함.
- 반복횟수가 증가할 때마다 복습시간은 1/2씩 줄어들기 때문에 복습하는 시간이
  늘어나는 것은 아님

– 간편하고 체계적인 복습주기로 최대의 기억효과를 가져옴

〈시스템 복습 5회독의 예시〉

〈직후복습 실습〉

✏️ 수업 스케치 – 오늘 수업시간을 돌아보며 기록해보세요.

교시	과목	단원	핵심내용	이해도	집중도
1				A B C	A B C
2				A B C	A B C
3				A B C	A B C
4				A B C	A B C
5				A B C	A B C
6				A B C	A B C
7				A B C	A B C
오늘 수업 학습 만족도	/ 100	나에게 주는 칭찬 한마디			

3. 재구성하여 정리하기

1) 교과서 정독 & 개념노트 작성

　　– 완벽하게 이해하고 나만의 언어로 정리

2) 마인드맵

　　① 분류, 정리하는 조직화에 유용한 도구

　　② 위계적인 구조로 이루어져서 상호관계 및 중요도 쉽게 파악

　　③ 이해가 완성된 개념을 기억하기 쉽게 바꿔주는 역할

〈정독, 개념노트 실습〉

✎ 다음 교과서를 정독하고 개념노트를 작성해 보세요.

③ 삼국을 통일한 신라, 고구려를 계승한 발해

● 통일 신라의 발전에 대하여 알아보자.

○ 석굴암 본존불상

○ 성덕 대왕 신종

삼국을 통일한 신라는 나라의 제도를 바꾸고, 불교를 내세워 백성들의 정신을 하나로 모으고자 노력하였다. 불교의 발전에는 원효가 큰 공헌을 하였다.

통일 신라는 신라 문화의 전통 위에 고구려와 백제의 문화 전통을 합하여 찬란한 민족 문화를 이룩하였다. 불국사와 석굴암, 성덕 대왕 신종과 같은 문화재들이 이 시기에 만들어졌다.

그리고 장보고는 황해 바다를 위협하는 중국의 해적으로부터 신라와 신라 백성들을 지키기 위해 완도에 청해진을 설치하였다. 장보고는 청해진을 중심으로 중국-신라-일본을 연결하는 국제 무역을 연결하는 국제 무역을 주도하여 신라인의 진취적 기상을 펼쳤다.

통일 신라는 200여 년 동안 번영을 누렸으나, 귀족들의 왕위 다툼이 시작되면서 점차 나라가 기울기 시작하였다.

✏️ 〈개념노트〉

단원명							
반복학습(5회독)	1	2	3	4	5	a	Ω
핵심개념	정리						

〈마인드맵 실습〉

✏️ 작성한 개념노트를 마인드맵으로 표현해 보세요.

제10장

문제집 활용법과 시험 피드백

• • • • • **학습 목표** • • • • •

1. 효율적인 문제풀이 방법을 알고 실행할 수 있다.
2. 시험대비 학습과정을 알고 실천할 수 있다.
3. 시험 후 피드백을 통해 시험에 부족한 부분을 대비할 수 있다.

◉ **시작하기 전에…**

- 평소 문제집은 언제 주로 활용하여 공부를 하나요?

- 시험 보기 전에 참고서나 문제집을 가지고 공부를 하나요?

- 공부를 할 때 주로 참고서나 문제집으로 하는 편인가요?

- 평소 문제집을 푸는 이유는 무엇이라고 생각하나요?

1. 문제풀이의 목표

- 모르는 것이 무엇인지 정확히 점검하여 보완하는 것

- 완벽히 이해하고 암기한 것과 그렇지 못한 것을 구분하기 위함

- 아는 것에 소비하는 시간을 줄이고 모르는 것에 투자하는 시간을 늘려야 함

2. 문제를 풀고 채점하는 방법

- 문제집을 풀 때는 문제집에 답을 바로 체크하지 말고 포스트잇이나 다른 노트에 답을 적고 채점만 문제집에 표시 함

1) 풀면서 헷갈리는 문제 :　?
   - 참고서나 교과서 보면서 다시 확인

2) 틀린 문제 :　☆
   - 이해하지 못해서 틀린 문제
   - 암기가 완벽하게 되지 않아서 틀린 문제
   - 실수로 틀린 문제

3) 틀린 문제를 또 틀렸을 때 :　☆☆

4) 맞은 문제는 ○를 표시함

   예시 1) 일반적인 채점 방법

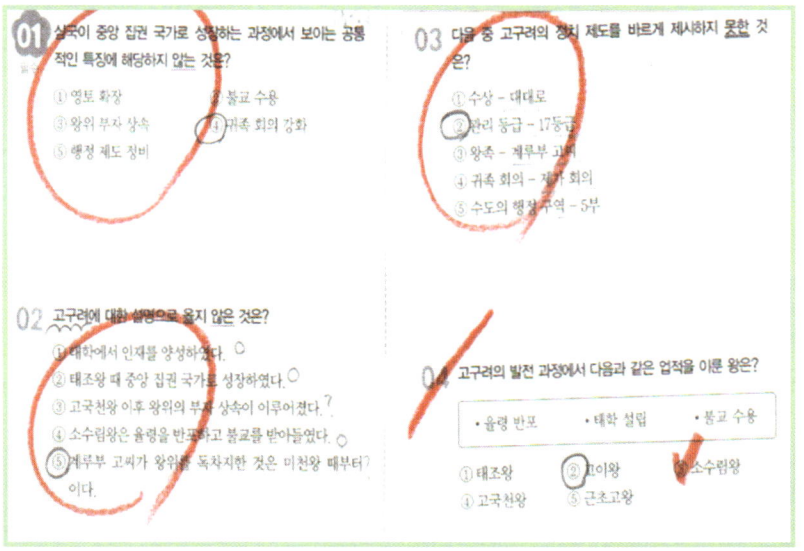

예시 2) 개선된 채점 방법

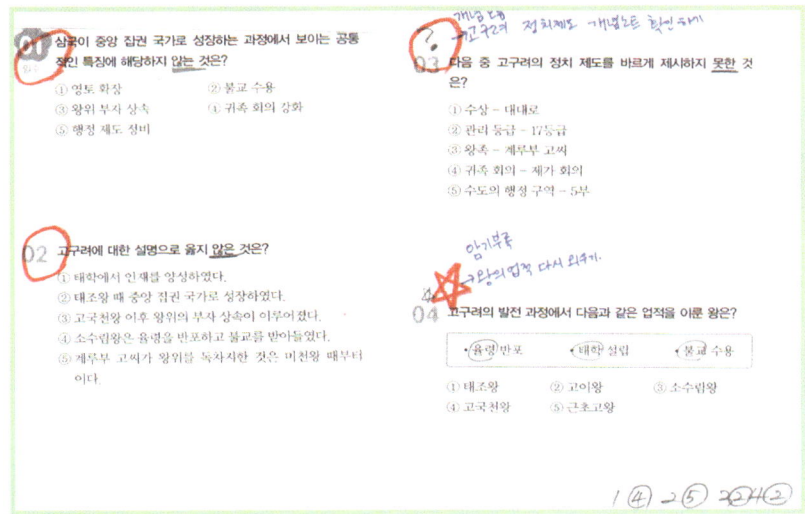

3. 시험 대비 학습과정

- 시험의 목표는 학습을 통해 장기기억에 저장해 놓은 지식을 완벽하게 표현하는 것
- 시험은 수업시간부터 준비

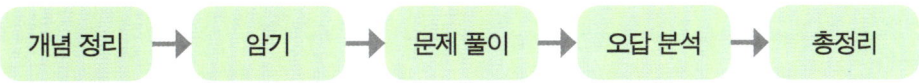

개념 정리 → 암기 → 문제 풀이 → 오답 분석 → 총정리

4. 시험 피드백 하기

1) 이번 시험 돌아보기

- 시험 준비과정의 노력여부 점검
- 계획의 작성 및 실천 여부
- 과목별 목표점수를 얻지 못한 이유 점검
- 다음 시험을 대비하여 준비해야 할 점 등

_____고사 돌아보기

이름 : _____

1. 이번 시험 준비를 하며 본인은 충분히 노력했다고 생각하나요?

매우 그렇다	그런 편이다	보통이다	노력하지 않았다	전혀 노력하지 않았다

내가 갖고 있는 능력이 100이라면 이번 시험에서 내 능력의 몇 %를 사용했나요? (   )

그렇게 생각한 이유 : _____

2. 지난 시험 준비기간 동안 나의 수면시간은 어떠했나요?

기상시간	시	취침시간	시	평균 수면시간	시간

3. 시험 준비 과정에서 계획을 세워서 공부했나요?

매우 그렇다	그런 편이다	보통이다	그렇지 않았다	전혀 그렇지 않았다

계획을 세웠다면 계획에 따라 잘 실천했나요?

매우 그렇다	그런 편이다	보통이다	그렇지 않았다	전혀 그렇지 않았다

4. 시험 준비 과정에서 내가 학습한 방법을 생각해보면

과목명	공부방법				시험결과 만족도		
	교과서/노트	문제집	학원수강	기타			
					만족	보통	불만족
					만족	보통	불만족
					만족	보통	불만족
					만족	보통	불만족
					만족	보통	불만족

5. 이번 시험에서 목표성적을 이루지 못한 과목은 무엇이며 그 이유는 무엇이라 생각하나요?

과목 : _____

수업시간 소홀	시험대비 학습시간 부족	시험계획 실천 부족
시험시간 실수	시험 난이도 높음	시험불안 (컨디션 난조)
개념이해 부족	내용정리 부족	암기부족

6. 이번 시험을 준비하는 과정과 시험을 보는 과정에서 잘한 점은?

_____

_____

7. 다음 시험을 준비할 때 가장 우선적으로 노력해야 할 것은?

규칙적인 수면시간	학습방해 원인 차단	시험에 대한 목표의식
수업 집중하기	개념이해 잘 하기	철저히 복습하기
정확히 암기하기	시험계획 세우고 실천하기	시험치기 기술(실수 줄이기)

8. 이번 시험을 치르면서 잘한 점과 개선할 점은?

잘한 점	개선할 점

2) **과목별 오답분석**

　① 어느 단원에서 출제되었는지 살피고 배움(學)과정, 익힘(習)과정, 시험과정으로
　　구분하여 오답의 원인 분석
　　· 배움 과정 : 수업시간 경청부족, 노트정리 부족, 기초학습 능력부족 등
　　· 익힘 과정 : 개념이해 부족, 내용정리 부족, 복습부족 등
　　· 시험 과정 : 실수, 문제이해 및 응용력 부족, 시간부족, 시험불안 등

　② 상위권 학생 : 주요과목의 오답을 분석하는 것이 필요
　　중위권 학생 : 우선순위 1순위 과목부터 또는 성적이 가장 높은 것부터 1~2과목
　　정도 오답분석을 시도

두근두근

자주학

이야기

메뉴얼

제1장 자기주도학습 바로 알기

1. 자기주도학습이란?

: 스스로 주인이 되어 과정을 이끌어 가는 공부로서 자기주도력을 키우는 생각훈련입니다.

✏️ **다음의 자기주도학습에 대한 설명에 답해 보세요.**

① 자기주도학습은 누구의 도움 없이 혼자 하는 것이다. (예, 아니오)

② 성적이 높은 학생은 모두 자기주도학습을 잘한다 . (예, 아니오)

③ 자기주도학습을 하는 학생은 스스로 필요한 사교육을 선택한다. (예, 아니오)

① 자기주도학습이란 누구의 도움도 받지 않고 혼자 하는 것이 아니라 학습의 주도권을 학생이 가지고 학습의 전 과정을 이끌어가는 학습을 말합니다.

② 자기주도학습을 하면 성적이 높아지지만, 성적이 높다고 해서 모두 자기주도학습을 잘하는 것은 아닙니다. 중학교 때까지는 자기주도학습을 하지 않아도 타인주도에 의해 높은 성적을 유지할 수 있습니다.

③ 자기주도학습을 하는 학생은 스스로 주도권을 갖고 자신에게 필요한 사교육을 선택합니다. 자신에게 필요한 도움을 스스로 선택하는 것이 자기주도학습입니다.

✏️ 생각훈련1〉 낱말들이 나열된 규칙을 찾고, 그 규칙에 따라 빈칸을 채우세요.

① 연필 – 비행기 – 필기 – 운송

② 영화 – 예술 – 추석 – 명절

③ 컴퓨터 – MP3 – 키보드 – 이어폰

④ 숲 – 나무 – 책 – 글자

⑤ (예, 학교) – (과일) – (학생) – (수박)

학습은 생각훈련 즉, 스스로 질문하고 답을 찾아가는 과정입니다.

이번 문제는 낱말들이 나열된 규칙을 찾는 것으로 ①, ③의 규칙이 같고 ②, ④의 규칙이 같습니다. 따라서 ⑤번은 홀수이므로 ①, ③의 규칙대로 나열해야 합니다.

첫 번째 낱말과 세 번째 낱말이 관계가 있고, 두 번째 낱말과 네 번째 낱말이 관계가 있도록 나열하면 됩니다.

✏️ 생각훈련2〉 다음 표의 빈칸을 예시와 같이 채워보세요.

좋아하는 물건	가보고 싶은 곳	좋아하는 음식	엮어서 글짓기
스마트폰	알라스카	떡볶이	알라스카를 여행하다가 떡볶이가 먹고 싶어서 스마트폰으로 검색해보았다.
장갑	스키장	컵라면	스키장에서 장갑을 끼고 스키를 타다가 먹는 컵라면의 맛은 정말 환상이다.

자신이 좋아하는 물건, 가보고 싶은 곳, 좋아하는 음식을 적고, 그 세 개의 단어를 이용하여 짧은 글을 짓는 문제입니다.

예시를 참고하여 최대한 자유롭게 생각할 수 있도록 도와주시길 바랍니다.

2. 자기주도학습의 과정

자기주도학습은 학생 스스로 주도권을 가지고 목표설정 ⇒ 전략 및 계획 수립 ⇒ 실행 ⇒ 피드백의 과정을 통해 이루어집니다.

이 과정은 학습 뿐만 아니라 자기주도적인 삶을 살아가기 위해 꼭 필요합니다. 자기주도학습 과정이 성적을 올리기 위한 방법이 아니라 학생들이 학습을 통해 삶의 태도를 몸에 익히는 훈련임을 설명해주시기 바랍니다.

✏️ 나만의 배낭여행을 떠나요~~(자기주도학습 과정 실습)

쉽고 재미있게 자기주도학습의 과정을 익힐 수 있도록 나만의 배낭여행을 주제로 자기주도학습의 과정을 실습해보도록 하였습니다. 스스로 목적지를 정하고 여행의 목표를 세우도록 합니다.

여행의 목표는 예를 들어 레저를 즐기기 위한 여행, 문화유산을 탐방하는 여행, 맛있는 먹거리를 먹어보는 여행 등 다양할 수 있습니다. 여행의 목표에 따라 계획을 세우고 실행한 후에 잘된 점과 아쉬운 점들을 돌아보는 것이 피드백입니다. 학생이 즐겁게 자신만의 여행을 상상하면서 자기주도학습의 과정을 실습할 수 있도록 도와주시기 바랍니다.

〈 목표 〉

한라산 백록담
정상 정복
(자신과의 싸움)

〈 피드백 〉
• 페이스 조절에 실패해서 많이
  힘들었음
• 준비과정 미흡
• 자신과의 싸움에서 승리한 기쁨

★어디로 갈까?★

제주도

〈 계획 〉
• 저녁 제주도 도착
• 다음날 아침 한라산 등반
• 성판악 탐방로 코스로 백록담
  정복

〈 실행 〉
• 성판악 탐방로 코스로
  4시간 30분 만에 백록담 정복,
  내려올 때는 체력저하로 인해
  5시간 30분 소요

1. 학습능력과 뇌의 3중 구조와의 관계

학습은 두뇌 사용기술 훈련으로서 뇌의 구조를 살펴보면 학습을 쉽게 할 수 있는 방법을 찾을 수 있습니다.

신경생리학자 폴 맥린 박사의 '삼위일체 뇌' 이론에 따르면 인간은 뇌간, 대뇌변연계, 대뇌신피질의 각각 기능이 다른 3종류의 뇌를 갖고 있습니다. 우리의 뇌는 기능적으로 다른 3개의 뇌가 서로 조화를 이루면서 협력하여 종합적인 기능을 발휘하는 것입니다.

✏️ **3중 구조를 이루고 있는 각각의 뇌의 기능을 알맞게 연결하세요.**

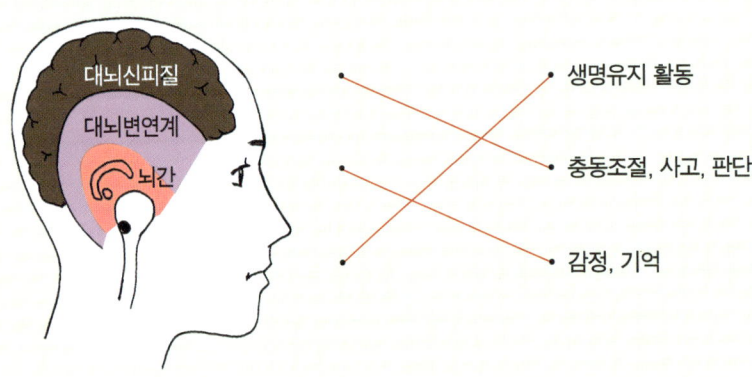

뇌의 3중 구조를 이해하면 뇌 속의 에너지를 충분히 채워서 학습을 즐겁게 할 수 있습니다. 가장 안쪽에 위치한 뇌간은 파충류 뇌로서 생명유지에 필요한 기본적인 신체 기능과 감각을 조율하고, 대뇌변연계는 포유류 뇌로서 본능적 행동과 감정을 주재하며 기억과정에 관여합니다. 대뇌신피질은 인간을 인간답게 만드는 뇌로서 인간만이

할 수 있는 정신활동을 담당하며 충동을 조절하고 이성적인 판단을 담당합니다.

3개의 뇌에 에너지가 공급될 때 뇌간 → 대뇌변연계 → 대뇌신피질의 순서로 채워지므로, 신체가 건강하고 마음이 안정되어 행복할 때 대뇌신피질에 에너지가 충분히 공급되어 뇌가 즐겁게 학습할 수 있습니다.

2. 학습능력의 구성요소

뇌의 3중 구조에서 살펴본 바와 같이 공부는 머리로만 하는 것이 아니라 온몸(신체+마음+머리)로 하는 것입니다. 건강한 신체와 안정된 마음을 유지하여 생각을 담당하는 대뇌신피질에 에너지가 충분히 공급될 수 있도록 도와주시기 바랍니다.

다음 문항을 읽어보고 자신이 해당하는 숫자를 막대 그래프로 표시해 보세요.

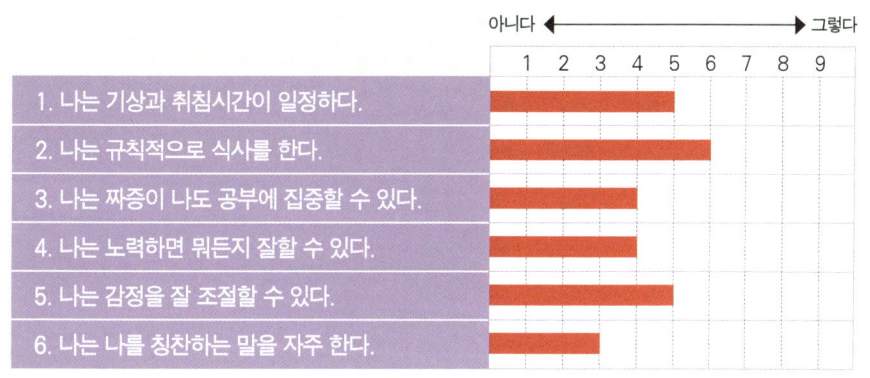

자신의 학습능력을 진단해보는 표입니다. 1, 2번은 규칙적인 생활습관을 살펴보는 문항이며 3, 5번은 감정조절 능력을, 4, 6번은 자아존중감을 점검하는 문항입니다.

학습능력의 기초가 되는 건강한 신체는 규칙적인 생활습관에서부터 이루어집니다. 일정한 시간에 잠자고 일어나며 식사하는 것이 학습능력의 뿌리가 됨을 인식해야합니다.

자신의 감정을 인식하고 조절하며 나아가 다른 사람의 감정 또한 공감하며 자신의 감정을 적절하게 표현할 수 있는 감정조절 능력은 학습을 지속하는 중요한 힘이 됩니다. 특히 분노를 잘 다스릴 수 있어야 생각하는 뇌를 잘 사용할 수 있습니다.

진단 표를 통해 자신의 취약부분을 파악하여 부족한 부분을 보완하는 노력을 할 수 있도록 도와주시기 바랍니다.

전두엽이 성장하고 있는 청소년기에는 부모의 도움 없이 학생 스스로 신체와 감정을 관리하는 것이 어렵습니다. 부모가 먼저 규칙적인 생활을 실천하고, 긍정적인 마음가짐으로 상황을 해석하며 자신의 감정을 적절하게 표현하는 모범을 보여주어야 합니다.

3. 학습능력을 키우기 위한 구체적 방법

✏️ 나의 학습능력을 높이기 위한 구체적인 목표를 정하고 실천계획을 세워 보세요.

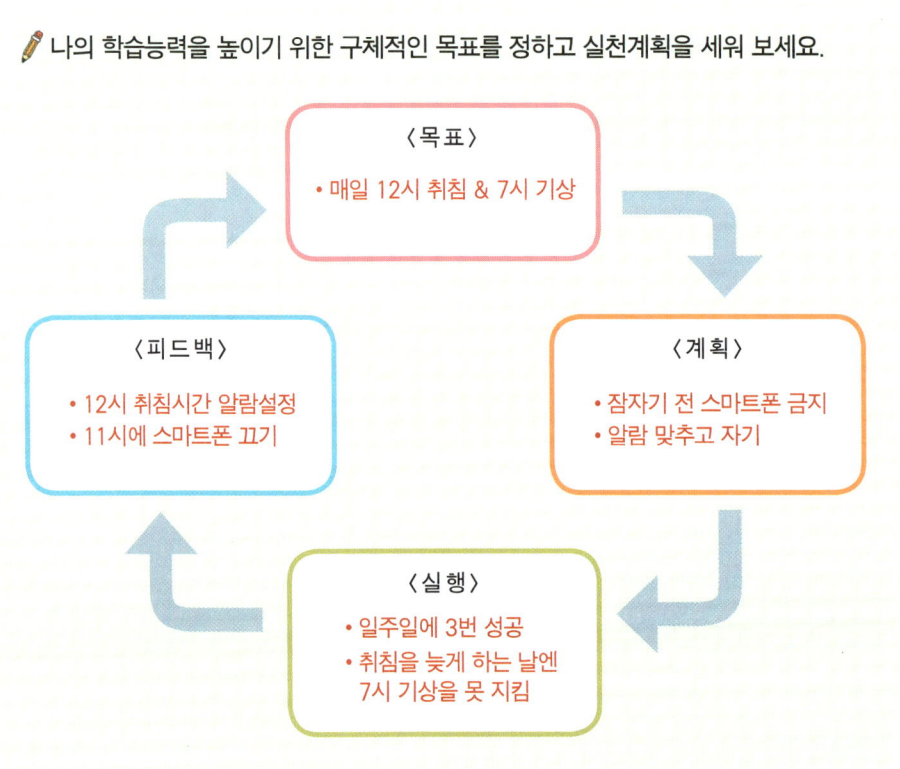

〈목표〉
• 매일 12시 취침 & 7시 기상

〈계획〉
• 잠자기 전 스마트폰 금지
• 알람 맞추고 자기

〈실행〉
• 일주일에 3번 성공
• 취침을 늦게 하는 날엔 7시 기상을 못 지킴

〈피드백〉
• 12시 취침시간 알람설정
• 11시에 스마트폰 끄기

학습은 온몸으로 하는 것임을 인식하고 학생 스스로 규칙적 생활습관과 감정조절 능력을 키울 수 있도록 도와주시기 바랍니다.

학습능력을 진단하는 표를 통해 자신의 취약한 부분을 파악하였다면, 구체적인 목표를 세워서 보완해 나가야 합니다. 목표는 행동 지향적 목표로서 측정 가능하여야 실행상황을 기록하고 점검할 수 있습니다. 목표를 이루기 위해서 어떻게 할 것인지 계획을 세운 후에 실행하고 잘한 점과 부족한 점을 피드백하며 조금씩 몸에 익히도록 합니다.

이것은 하루아침에 이루어지지 않기 때문에 장기적인 격려와 점검이 필요합니다. 부모님의 칭찬을 통해 학생이 지속적으로 학습능력을 높이기 위한 노력을 할 수 있도록 도와주시기 바랍니다.

1. 환경관리의 중요성

우리의 주변 환경 중에는 나의 의지대로 변화시킬 수 있는 환경과 내가 바꾸려 해도 바꿀 수 없는 환경이 있습니다.

자신의 의지대로 변화시킬 수 있는 환경은 바람직한 환경으로 조성(造成)해야 합니다. 학습 환경을 조성할 때 학습에 최대한 집중할 수 있도록 만드는 것이 중요합니다. 공부는 생각훈련이므로 최대한 집중하여 학습할 수 있도록 환경을 만들어 주시기 바랍니다.

자신의 의지대로 변화시킬 수 없는 환경에는 적응을 해야 합니다. 어려운 상황 속에서 어떻게 학습에 집중할 수 있을지 자녀와 함께 대안을 생각해 보시기 바랍니다.

책상과 책장정리는 되도록 자녀 스스로 하는 것이 가장 바람직합니다. 책장의 구조와 위치를 보고 학습에 관련된 책은 책상에 앉아서 볼 때 가장 잘 보이는 곳과 손이 잘 닿는 곳에, 소설책이나 잡다한 책들은 책장의 맨 위쪽이나 책상 아래쪽에 두어서 눈에 잘 보이지 않게 보관하는 것이 좋습니다.

의자는 되도록 바퀴가 없는 고정식 의자가 좋습니다. 앉아서 앞뒤로 몸을 움직이다 보면 집중력이 흐트러지기 쉽기 때문입니다.

※ 환경관리 상황 점검표 활용법

환경관리 상황 점검표 양식에 있는 작성방법을 꼼꼼히 읽게 하고 하단의 원그래프에 자신이 생각하는 점수를 기록하게 합니다.

점수를 기록한 후에 이 중에서 가장 먼저 실천해서 변화하고 싶은 것이 무엇인지 선택하게 하고 어떻게 개선하면 좋을지 방법을 함께 생각해 봅니다.

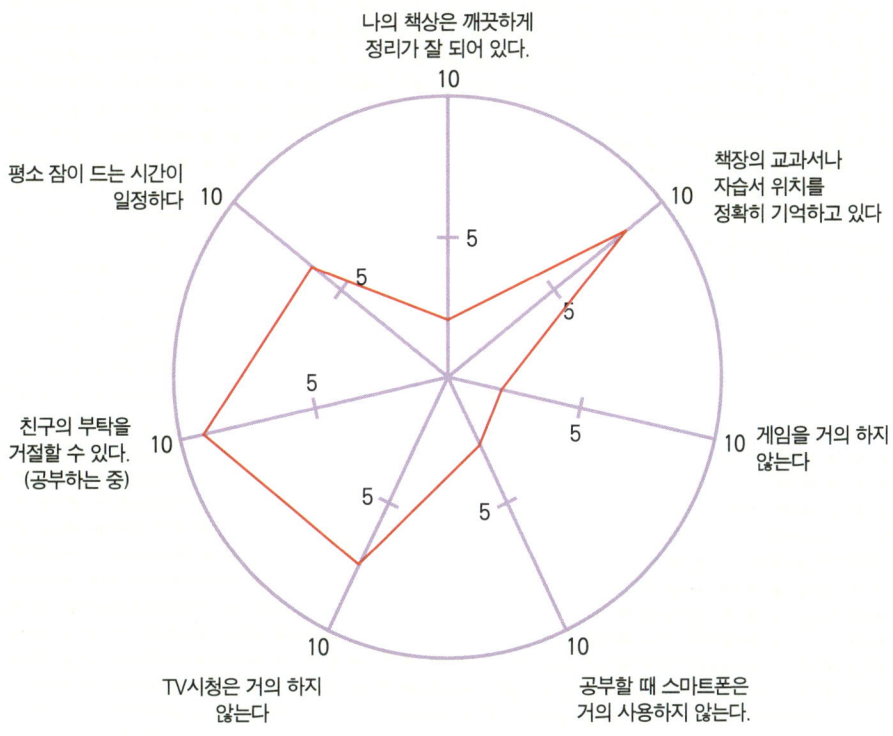

나의 책상은 깨끗하게 정리가 잘 되어 있다.

책장의 교과서나 자습서 위치를 정확히 기억하고 있다

게임을 거의 하지 않는다

공부할 때 스마트폰은 거의 사용하지 않는다.

TV시청은 거의 하지 않는다

친구의 부탁을 거절할 수 있다. (공부하는 중)

평소 잠이 드는 시간이 일정하다

※ 개선해 보고 싶은 것 :
• 책상 정리 – 매일 숙제하고 나서 미루지 않고 바로 정리한다.
• 스마트폰 사용 줄이기 – 숙제할 때 스마트폰을 꺼 놓고 한다.

2. 미디어 관리의 중요성

1) 게임이 뇌에 미치는 영향

✏️ 아래 게임 뇌의 빈칸을 채워보세요.

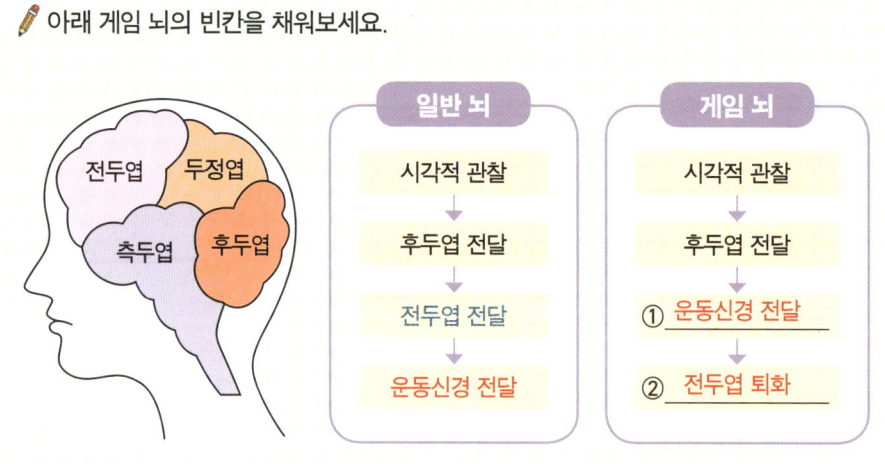

눈을 통해 시각정보가 뇌로 들어오면 이 정보는 후두엽으로 전달이 됩니다.

이 때 대부분의 정보는 전두엽으로 보내지고 사고가 개입되면서 적절한 판단을 하여 운동신경이나 다른 곳으로 전달이 되지만 게임을 할 때의 뇌는 사고활동이 거의 생략되고 시각정보가 후두엽을 거쳐서 바로 운동신경으로 전달되는 과정이 반복되면서 전두엽은 점점 퇴화하게 됩니다.

이렇게 게임이나 컴퓨터, 텔레비전을 오래 하다보면 전원을 끈 이후에도 후두엽의 활성화상태가 지속되어 학습뿐만 아니라 수면도 방해합니다. 또한 학습에 필요한 집중력과 기억력, 이해력, 문제해결 능력 등도 저하되는 것입니다.

2) 스마트 폰이 뇌에 미치는 영향

- 전문가들은 아이들이 스마트폰에 빠지면 '팝콘 브레인(popcorn brain)'이 생길

수 있다고 이야기 합니다. 팝콘 브레인은 스마트폰의 게임·동영상을 자주 보게 되면 빠르고 강한 정보에는 익숙하게 되지만 현실 세계의 느리고 약한 자극에는 반응을 안 하는 뇌를 뜻합니다. 이는 미국 워싱턴대학 정보대학원의 데이비드 레바이 교수가 몇 년 전 처음 주장하였고 이는 2012년 11월 19일 sbs뉴스에서도 팝콘 브레인이라는 주제로 방영이 된 적이 있습니다. 뉴스에서는 스마트폰에 중독된 어린이와 일반 어린이의 뇌기능을 테스트했는데 일정하게 깜빡거리는 불빛에 맞춰 손뼉을 치거나 발을 구르도록 한 실험에서, 스마트폰에 중독된 어린이의 반응 속도는 일반 어린이에 비해 많이 빠르거나 느린 것으로 나타났습니다. 스마트폰에 중독된 아이들은 흔히 우측 전두엽의 활동이 떨어지게 되는데, 좌뇌와 우뇌를 번갈아 써야 하는 왼손·오른발, 오른손·왼발 교차동작에서 어려움을 느낀 것으로 나타났습니다. 이처럼 오랫동안 스마트폰 게임의 강한 자극에 노출되면, 현실에 무감각해지고 그만큼 주의력이 떨어지며 학습에 대한 흥미도 저하됩니다.(동영상 2012년 11월 19일 sbs 8시 뉴스 방송 분 '팝콘 브레인, 뇌 발달 막는다' 편 참고)

3) 전자파 노출

전자기기에서 발생되는 전자파 노출도 문제입니다. 전자파는 특히 수면호르몬인 멜라토닌의 생성을 방해하는데 이 멜라토닌은 성호르몬을 억제하고 면역기능에 관여할 뿐 아니라 종양세포를 억제하는 중요한 기능을 하는 것으로 알려져 있습니다. 따라서 우리는 전자기기의 사용에 신경써서 관리를 해야 합니다.

4) 미디어 일지 작성하기

매일 스마트폰, 컴퓨터, 인터넷, TV시청 시간을 분단위로 기록하게 한 후 자신이 전자기기에 얼마나 많은 시간을 할애하는지 인식하도록 합니다.

스스로 개선해야 할 점과 이를 해결하기 위한 개선 방법도 작성하게 합니다.

작성 예시)

날짜	시간				합계
	스마트폰	컴퓨터 게임	인터넷	TV 시청	
9.10	200	40	70	100	410분
9.11	160	90	20	60	330분
9.12	200	0	0	80	280분

✏️ 나만의 개선 방법을 찾아봅시다!

개선해야 할 점 → 개선 방법

스마트 폰 사용시간이 3시간 → 숙제할 때 전원 꺼 놓기

3. 수면과 학습의 연관성

✏️ 수면이 학습에 어떤 영향을 미치는지 생각해 보고 작성해 봅시다.
– 잠을 잘 자지 못했던 날 어떠했었는지를 떠올려 보고 구체적으로 적어보세요.

- 작성 예시
ㄱ. 머리가 아파서 공부하는데 집중이 잘 안 되었다.
ㄴ. 수업시간에 졸음이 와서 제대로 수업을 듣지 못했다.
ㄷ. 눈이 아파서 책을 오래 보지 못했다.
ㄹ. 평소보다 영어단어가 잘 안 외워지는 것 같았다.
ㅁ. 아무 생각도 하기 싫고 자꾸 멍해졌다.

▶ 숙면을 취하는 방법

- 잠자기 전 음식물 조절하기

야식을 먹고 잠이 들면 잠자는 동안 위장 운동이 진행되어 깊이 잠들기 어렵고 쉽게 깨기 때문에 잠자기 3시간 전부터는 가급적 피해야 합니다. 배가 고파 잠들기 어렵다면 시리얼이나 과일 등으로 가볍게 먹도록 합니다.

- 아침에 일찍 일어나기 : 수면 호르몬 멜라토닌 분비 조절

우리 몸은 아침 햇살을 받고 나서 14~16시간 후에 수면 호르몬인 멜라토닌이 분비되어 잠이 듭니다.

- 꾸준한 운동하기

학생들의 경우는 정신적인 스트레스가 많은 것이 사실입니다. 스트레스 호르몬은 육체를 움직이면 사라지고 육체를 사용하지 않으면 체내에 노폐물로 쌓여 질병의 원인이 되기도 하는 것입니다. 매일 20분 이상 걷거나 줄넘기, 자전거 타기 등 일상생활에서 많은 시간을 들이지 않아도 할 수 있는 방법으로 꾸준히 운동을 하면 밤에 잠을 푹 자는데 도움이 됩니다.

- 잠들기 전에 TV나 스마트 폰, 컴퓨터 등의 사용 자제하기

전자파는 수면호르몬인 멜라토닌의 생성을 억제시켜 수면 장애를 일으키기도 합니다. 이러한 전자 기기들은 뇌의 후두엽에 위치한 시각영역을 지나치게 자극하게 됩니다. 후두엽은 한번 활성화되면 시각 자극을 멈추어도 1시간쯤 지나야 그 잔영이 사라지기 때문에 잠자리에 들어서도 계속 게임의 영상이 떠올라서 잠을 방해하는 원인이 됩니다.

제4장 학습의 엔진, 감정조절능력

1. 감정이 학습에 미치는 영향력

대뇌변연계에는 편도체(감정 관장)와 해마(단기기억 관장)가 가깝게 위치하여 있는데, 감정이 안정되지 않을 경우 편도체에 에너지가 충분히 공급되지 않기 때문에 해마의 기억관련 시스템이 제대로 작동하지 않게 됩니다. 따라서 감정과 기억은 밀접한 연관성을 갖는 것입니다. 또한, 뇌의 에너지 공급순서에 따라 대뇌변연계에 에너지가 충분히 채워졌을 때 전두엽이 활발하게 활동하기 때문에 마음을 잘 다스려야 학습을 잘할 수 있습니다. 전두엽은 이성적 사고 외에도 원시적 충동과 감정을 조절하는 역할을 하므로 전두엽이 활성화 될 때 자기 통제력을 갖게 되고 학습을 지속할 수 있습니다.

🖊 다음 문장을 읽고 (   )안에 O, X를 표시해 보세요.

1) 감정조절은 공부를 잘하는 것과 전혀 상관이 없다. (X)

2) 감정을 잘 다스릴 때 전두엽이 활발하게 활동할 수 있다. (O)

3) 대뇌변연계는 감정을 관장하는 기관으로 기억 활동과는 무관하다. (X)

위에서 살펴본 바와 같이 감정조절은 공부를 잘하기 위해 반드시 필요한 것이며, 대뇌변연계는 감정뿐만 아니라 단기기억에도 영향을 미칩니다.

2. 감정조절능력, 정서지능(Emotional Intelligence: EQ)

정서지능은 미국의 신문기자인 다니엘 골먼(Daniel Goleman)이 대중화시켜 표현한 창작용어인 EI(Emotional Intelligence)라는 개념에서 유래된 것으로 뉴햄프셔 대학의 심리학 교수인 존 메이어(John Mayer)와 예일대학 교수인 피터 셀로비(Peter Salovey)

에 의해 체계적으로 집대성 되었습니다.

　이들은 정서지능이란 자신과 타인의 감정을 인식하고 표현할 수 있으며, 자신과 타인의 감정을 효과적으로 조절할 줄 아는 능력, 그리고 자신의 생각과 행동을 결정하는데 그런 감정을 적절하게 활용하는 능력이라고 정의합니다. 다시 말해 자신을 제어하고 동기를 부여하며 어려움을 극복할 수 있는 '마음의 힘'을 표현하는 것입니다.

　정서지능을 좀 더 자세히 살펴보면, 첫째 감정을 인식하는 능력입니다. 우선 자신의 감정을 인식하고 다른 사람의 감정을 읽어내는 능력을 말하는 것으로 자신의 감정을 잘 파악할 줄 아는 사람이 다른 사람의 감정도 잘 헤아릴 수 있습니다.

　감정이입(empathy)은 기본적인 대인관계 기술로서 다른 사람의 작은 몸동작이나 얼굴 표정 등을 파악하고 공감할 수 있는 능력을 말합니다.

　둘째, 감정을 관리하고 조절하는 능력입니다. 자신의 감정을 적절히 표현하고 공격적인 행동과 자기 파괴적인 행동을 절제하며 보다 긍정적인 감정을 갖는 능력을 말합니다. 특히 분노를 조절하는 능력을 키우면 주의력이 높아지고 자아존중감이 향상되며 잠재력을 발휘할 수 있습니다. 2008년 1월 26일에 KBS에서 방영되었던 〈스펀지 2.0 공부 잘하는 법 6탄 분노조절편〉에서는 분노지수가 높은 학생들에게 2주간 분노 조절 프로그램을 실시한 후 지능지수(IQ)검사를 했는데, 그 결과 분노를 조절함으로써 지능지수가 높아짐을 알 수 있었습니다. 이것은 학생이 지니고 있던 잠재력이 분노를 조절함으로써 발휘된 것으로 분노를 조절하면 잠재력을 발휘할 수 있다는 것을 말해줍니다.

　셋째, 감정을 생산적으로 활용하는 능력을 의미합니다. 그 예로 스스로 동기를 유발할 수 있는 능력을 생각해 볼 수 있습니다. 충동적인 행동을 억제하고, 보상을 지연시켜서 목표에 달성할 수 있는 자기통제력, 자신이 처한 상황을 긍정적으로 생각하는 능력 등이 포함됩니다. 즉, 최선을 다해 일하며 어떤 장애물이나 난관에 직면하더라도 좌절하지 않고 희망을 갖고 지속적으로 헤쳐 나가는 힘인 것입니다.

　또한, 다른 사람의 감정에 적절하게 대처하여 관계를 형성하는 능력(대인관계 기술)

은 사회적으로 행복하고 성공적인 삶을 살아가기 위한 필수요건입니다. 진정한 인간 관계는 상대방의 감정을 공유할 수 있을 때 이루어지므로 공감능력은 인간관계 형성과 유지에 있어 대단히 중요합니다. 우리는 더불어 살아가는 가운데 다른 사람과 의견이 상충되는 경우를 자주 만나게 됩니다. 따라서 갈등을 원만하게 해결할 수 있는 능력은 인간관계를 유지하고 풍성하게 하는데 큰 힘을 발휘합니다.

이제 우리 자녀를 대학입시에 얽매어 감정 없이 생각만 하는 기계적 인간이 아니라 따뜻한 감정과 사랑을 느끼고 나눌 수 있는 사람, 자기의 감정을 이해하고 충동과 욕망을 스스로 조절하며 자신의 일에 몰입할 수 있는 사람으로 성장할 수 있도록 도와주어야 하겠습니다. 나와 다른 사람들을 잘 이해하며 그들과 원만한 대인관계를 형성하고 유지해 나가는 사람으로 길러내는 데 보다 관심을 가져주시기 바랍니다.

3. 감정조절능력을 향상시키는 방법

감정은 좋고 나쁜 감정이 있는 것이 아니라, 욕구가 충족되었을 때와 충족되지 않았을 때 다르게 나타나는 것임을 알아야 합니다. 감정조절은 학습의 필수능력으로서 훈련을 통해 키울 수 있습니다.

우선, 자신의 감정을 잘 파악하기 위한 방법으로 하루를 돌아보며 자신이 느꼈던 감정의 이름을 붙여서(감정단어 사용) 기록해보면, 자신의 감정을 객관적인 시선으로 바라볼 수 있습니다.

날짜	오늘 나의 감정	그 감정이 생긴 이유는 무엇일까?	감정을 어떻게 표현했나?
4.21	불안한	중간고사가 다가오는데 공부를 못해서	엄마에게 짜증을 냄
4.24	따뜻한	날씨가 햇빛이 화창하고 너무 좋아서	운동장 벤치에 앉아있음
4.29	화난	모르는 사람이 다짜고짜 내게 화를 내서	같이 소리를 지름

감정을 조절하기 위한 방법으로는 분노나 화가 느껴지면 잠시 행동을 멈추고 깊은 호흡을 하며 생각한 후에 어떤 행동을 할 것인지 선택하는 STC훈련이 있습니다. 또한 자신의 감정을 일으키는 원인과 자신이 원하는 것이 무엇인지 생각해보고, 자신의 감정과 원하는 것을 표현하도록 도와주시기 바랍니다.

　감정을 활용하는데 있어서 '자기 동기화'가 중요합니다. 우리가 마주치는 상황은 바꿀 수 없지만 상황을 대하는 태도는 스스로 선택 할 수 있음을 알려주어야 합니다. 상황을 어떻게 해석하느냐에 따라 감정과 행동의 차이가 발생합니다. 따라서 모든 상황을 자신에게 도움이 되는 방향으로 생각하는 플러스 발상의 훈련이 필요합니다. 무턱대고 플러스 방향으로 생각하는 것이 아니라 자신에게 일어난 문제 상황을 긍정적으로 바라보면서도 그 문제를 제대로 해결할 수 있도록 원인을 정확히 파악하여야 합니다.

　현재의 행복과 감사할 것을 찾아 감사메모를 적어보도록 하면 상황을 긍정적으로 해석할 수 있는 힘을 기를 수 있습니다.

　또한, 스트레스에 대처하는 능력도 학습에 영향을 미칩니다. 적절한 스트레스는 집중력과 기억력을 높여줌을 알려주고 스트레스를 학습의 디딤돌로 받아들일 수 있도록 격려해 주시기 바랍니다.

　자신의 감정을 조절하는 것뿐만 아니라 다른 사람과 공감하는 능력을 키워야 합니다. 상대방이 말할 때 주의를 기울여 경청(傾聽)하고 역지사지(易地思之)의 자세로 다른 사람의 입장이 되어 생각해보는 훈련이 필요합니다.

✏️ 다음 상황을 해석하는 방향에 따라 감정과 행동이 어떻게 될지 〈보기〉를 참고하여 빈칸에 적어보세요.

상황 : 친한 친구가 다른 친구의 말을 듣고 나를 오해하여 내게 화를 냈다.

	+ 방향 (긍정적)	– 방향 (부정적)
해석	친한 친구가 나를 오해해서 화를 낸 것이니까 오해를 풀면 내 마음을 잘 알 수 있을 거야	내 말을 들어보지도 않고 다른 친구의 말만 듣고 내게 화를 내다니 나를 뭐라고 생각한 거야?
느낌	친구가 내게 화를 내는 게 서운하고 속상하지만 참고 나중에 말하자	억울하고 화가 나 (배신감)
행동	화를 내는 친구에게 같이 흥분하지 않고 참았다가 친구의 화가 풀린 후에 다시 내 마음을 말한다	친한 친구와 싸우고 나서 오해를 만든 다른 친구에게 가서 따진다

상황을 해석하는 방향에 따라 감정과 행동에 큰 차이가 발생함을 인식하는 것이 중요합니다. 〈보기〉를 참고하여 상황을 해석하는 방향에 따라 어떤 결과를 가져오는지 이해하고, 문제에 주어진 상황을 다양하게 생각해볼 수 있도록 도와주시기 바랍니다.

제5장 ## 시간 관리의 달인이 되는 법

◉ **웨인 다이어의 시간의 소중함**

이 글을 읽다보면 저절로 시간의 소중함을 다시 한 번 생각해 보게 됩니다. 이렇듯 소중한 1초가 모여 1분이 되고 1분이 모여서 1시간, 1시간이 모여서 하루 24시간이 되는 것임에도 불구하고 우리는 1초의 가치를 잊고 살고 있음을 상기시켜 주시기 바랍니다.

◉ **하루 86,400원의 통장**

'시간은 돈이다'라는 말이 있습니다. 86,400원은 바로 우리의 하루가 86,400초라는 것을 의미합니다. 우리가 의식하지 못하지만 매일 밤 자정이면 새로운 86,400초가 우리에게 주어지고 시간이 지나면 소리 없이 사라지는 것이 바로 시간인 것입니다. 지금은 모두가 똑같은 1초당 1원의 값어치라면 그 시간을 어디에 어떻게 사용하느냐에 따라 우리의 5년 후, 10년 후 1초당 시간의 가치는 천차만별로 달라질 것이라는 부분을 잘 설명해 줍니다.

1. 시간 관리의 우선순위 관리법

자녀가 하고 싶은 일을 하기 전에 해야 할 일을 먼저 하기를 원하는 엄마와 해야 할 일보다 하고 싶은 일을 먼저 하는 자녀와의 갈등은 흔히 일어나는 일상입니다.

시간을 효과적으로 사용하기 위해서는 하루 일과 중 어떤 일을 가장 먼저 해야 하는지에 대한 우선순위를 정하는 것이 무엇보다 중요합니다. 이러한 우선순위를 정하는 데 있어서 기준이 되는 두 가지 요소는 바로 긴급성과 중요성입니다. 그 일이 지금 나에게 얼마나 급한 일인지, 중요한 일인지를 놓고 구분하도록 지도바랍니다.

1) 긴급하고 중요한 일(1사분면)

중요하면서도 급하기까지 해서 대부분의 많은 시간을 할애하는 활동들입니다. 이 일들은 긴급성과 중요성이 높기 때문에 상대적으로 일에 대한 몰입도가 좋지만 이러한 일들이 많아지다 보면 오히려 일을 꼼꼼히 처리할 수 없게 되어 실수를 하는 상황이 생길 수 있습니다.

예) 학교가기, 학원가기, 식사하기, 이동하기 등

2) 긴급하진 않지만 중요한 일(2사분면)

우리는 급한 일에는 즉각적으로 반응을 하지만 그렇지 않은 경우는 소홀해 지기 쉬워집니다. 급하지는 않으나 중요한 일의 경우는 다른 어떤 것보다 **자발성**과 **주도성**이 필요하게 됩니다. 긴급하지 않기 때문에 그 일을 하지 않더라도 당장 어떠한 문제가 발생하는 것은 아닙니다. 예를 들어 평소 운동을 하지 않는다고 해서 건강에 큰 이상이 생기지 않지만 소홀이 하게 되면 장기적으로는 체력과 면역이 떨어져 큰 병이 생길 수도 있습니다.

중요한 일을 급하지 않다는 이유로 자꾸 미루다 보면 결국 이 일들이 긴급한 일이 되어 일을 효과적으로 처리할 수 없는 상황이 발생하기도 합니다. 성공한 사람들의 경우 2사분면의 활동에 초점을 맞춰 시간을 잘 활용한다는 것을 잘 설명해 주시기 바랍니다.

예) 운동하기, 독서하기, 진로를 찾기 위한 활동 등

3) 긴급하지만 중요하지 않은 일(3사분면)

당장은 급해서 시간을 할애하지만 결국 지나고 보면 별다른 의미가 없거나 자신의 목표와는 상관없이 시간을 소비하는 경우를 말합니다. 상황에 따라 다른 사람에게 위임하여 해결할 수 있는 일도 있으므로 상황에 맞게 대처하는 것이 중요하다는 것을 자녀에게 설명해 주시기 바랍니다.

예) 전화로 수다 떨기, 다른 사람의 일에 참견하기, 다른 사람의 부탁 들어주기(당장 내가 해야 할 일이 있음에도 불구하고 다른 사람의 부탁을 들어주느라 정작 내가 해야 할 일을 못하게 될 때) 등

4) 긴급하지 않고 중요하지 않은 일(4사분면)

학생들이 공통적으로 대답을 잘 하는 것이 바로 4사분면입니다. 그 일들이 긴급하지도 중요하지도 않은 일이라는 것을 잘 알고 있지만 4사분면의 일들이 대부분 삶의 여유를 느낄 수 있는 즐거운 일이라고 생각합니다. 그러나 중독성이 강해 조절하는 것이 쉽지 않기 때문에 관리가 필요한 부분입니다.

예) TV보기, 게임하기, 스마트폰 사용하기 등

시간관리가 잘 안 되는 사례를 살펴보면 대부분 1사분면과 4사분면의 일이 원인인 경우가 상당히 많이 있습니다. 1사분면에 중점을 두고 생활하는 학생들은 매일 매일이 바로 전쟁과 같다는 것을 알 수 있습니다. 수많은 학원을 오가며 숙제를 해 내느라 녹초가 되고 해야 할 일들이 넘쳐서 제대로 수행을 못하게 되는 악순환이 계속되는데 이렇게 쫓기듯 생활하다보면 4사분면으로 도피를 하여 결국은 생활에서 위기가 생기게 됨을 강조하여 설명해 주시기 바랍니다.

✏️ 자신의 하루를 4분면으로 나누어 기록해 보세요.

① 내일까지 내야할 숙제 학교(학원) 가기, 수행평가 제출, 기한이 임박한 시험 등

② 꿈 찾기, 운동, 독서, 인간관계, 예습, 복습 꿈을 이루기 위해 필요한 것

③ 중요하지 않은 전화 쓸데없는 참견 다른 사람 부탁 들어주기

④ 게임, TV 보기, 휴대폰 사용

중요한 일 ← → 긴급한 일

✏️ 4가지 영역 중 가장 중요한 영역은 무엇일까요?

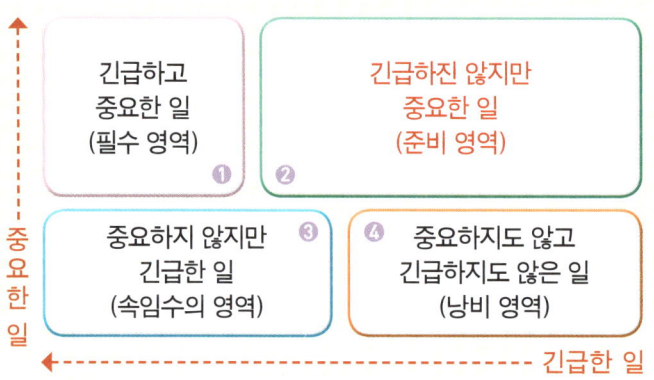

긴급하진 않지만 중요한 일(2사분면)

긴급하고 중요한 일 (필수 영역) ❶	❷ 긴급하진 않지만 중요한 일 (준비 영역)
중요하지 않지만 긴급한 일 (속임수의 영역) ❸	❹ 중요하지도 않고 긴급하지도 않은 일 (낭비 영역)

중요한 일

긴급한 일

앞서 이야기했듯이 성공한 사람들은 2사분면에 해당하는 일들을 평소에 꾸준히 관리하고 있습니다. 긴급하지 않기 때문에 자꾸 뒤로 미루게 되는 중요한 일들을 미리미리 준비하여 기한이 임박해 졌을 때를 대비하는 것입니다.

예를 들어 평소 예습과 복습을 꾸준히 하여 준비를 하였다면 시험기간이 되어서 시험공부를 해야 할 때 시간이 여유가 있어 평소 놓쳤던 부분에 집중하여 꼼꼼히 학습을 할 수 있지만 그렇지 않을 경우에는 시간은 급하고 공부할 내용은 많아 시험공부를 제대로 하지 못하는 경우가 생기는 것과 같습니다.

따라서 3사분면과 4사분면에 해당하는 일들을 줄여 2사분면의 일들로 시간을 확보하고 이를 실천하여 효율적으로 시간을 관리할 수 있도록 노력해야 합니다.

2. 시간 가계부 작성하기

시간 관리를 하기로 했다면 제일 먼저 해야 하는 것이 바로 시간 가계부를 작성하는 것입니다. 자신의 하루를 꼼꼼히 기록하여 낭비되는 시간이 얼마나 되는지 점검하여 이를 개선하는 것이 중요합니다.

시간	월		화		수		목		금		토		일	
	월	일	월	일	월	일	월	일	월	일	월	일	월	일
오전 5시														
오전 6시														

한 칸은 30분

시간가계부를 작성할 때 한 칸은 30분이라는 것을 설명하고, 지난 일주일을 되돌아 보면서 작성하게 합니다. 하지만 대부분 지난 일주일을 떠올려 보게 하면 기억을 제대로 하지 못하기 때문에 처음 일주일 정도는 매일 기상했을 때부터 잠들기 전까지의 일들을 기록해 보게 합니다. 뒹굴 거리며 놀았다거나 TV를 보았던 일 등 모든 것을 솔직하게 작성하여야 하는데 만약 부모님이 야단을 치거나 비난을 하면 아이가 솔직하게 작성을 못할 수도 있으니 이 부분을 잘 설명하셔서 되도록 있는 그대로를 작성할 수 있도록 격려해 주셔야 합니다.

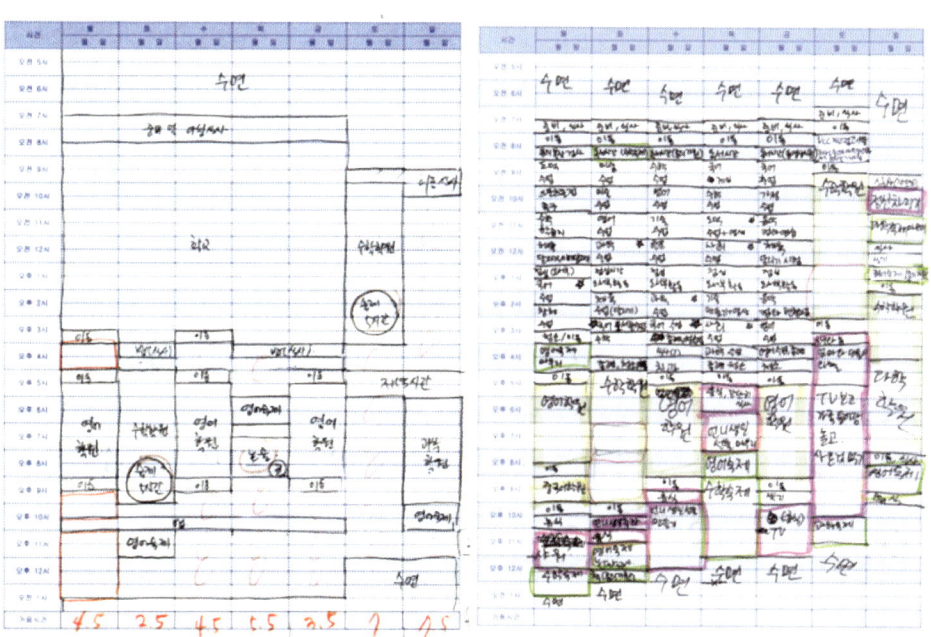

〈 시간가계부 작성예시 〉

1) 나의 시간을 분석하라!

✏️ 나는 일주일을 어떻게 보내고 있나요?

항목	일주일간 사용시간(분)	항목	일주일간 사용시간(분)
수학학원	8시간	뒹굴거린 시간	5시간
영어학원	9시간	핸드폰 사용	13시간
학원 숙제 시간	13시간		
TV시청	8시간		
컴퓨터 게임	3시간		

일주일동안 작성한 시간가계부를 토대로 시간을 분석해 봅니다. 일주일동안 학교에서의 시간(방과 후 수업 포함)을 제외한 나머지 시간들을 합산하여 항목별로 시간을 얼마나 투자하는지 살펴보도록 도와주시기 바랍니다.

2) 시간 도둑을 잡아라

시간 분석을 통해 나의 시간도둑이 무엇인지 살펴보고 이를 잡기 위해 어떻게 해야할지 아래에 작성하도록 합니다.

나의 시간 도둑	도둑 잡는 방법
TV 시청	TV를 수목드라마와 런닝맨만 시청한다.
컴퓨터 게임	컴퓨터 게임을 평일에는 하지 않고 일요일에 2시간만 한다.
핸드폰 사용	핸드폰은 공부할 때 전원을 꺼 놓는다.

‑ 시간도둑을 잡아 확보된 시간에 사용할 2사분면의 활동계획을 작성한다.

꿈을 이루기 위해 필요한 활동
줄넘기를 200개씩 한다.‑ 키가 커야 하니까 매일 영어 단어 20개씩 외운다. ‑ 나의 꿈인 외교관이 되려면 영어 실력을 높여야 하니까

제6장

실천 가능한 학습계획 세우기

1. 고정시간과 가용시간

1) 고정시간 파악하기

고정시간은 내 마음대로 바꿀 수 없는 시간입니다. 학원이나 과외의 경우를 학생들은 내 맘대로 바꿀 수 있다고 생각하기 쉬우나 수강기간동안은 빠지면 안 되기 때문에 고정 시간에 해당합니다. 하지만 고정적으로 시청하는 TV 프로그램이나 게임 등은 고정시간이라 생각하는 경우가 많으나 이는 자신이 선택할 수 있는 사항이기 때문에 고정시간에 해당하지 않는다는 것을 설명해 주시기 바랍니다.

2) 가용시간 파악하기

가용 시간은 내가 주체가 되어 마음대로 사용할 수 있는 시간을 말합니다. 위의 고정시간을 주간학습계획표에 요일별로 기록한 후 비어있는 시간을 계산하면 가용시간이 됩니다. 요일별로 가용시간이 얼마나 되는지 작성하도록 도와주시기 바랍니다. 주간일정표의 한 칸은 30분입니다.

3) 예비시간 확보하기

주중에 실천하지 못했던 계획들을 점검하여 다시 실천할 수 있는 여유 시간을 확보해 놓아야 합니다. 주로 토요일이나 일요일에는 종교 활동이나 좋아하는 취미(운동 등)의 시간을 제외하고 여유시간을 두어 주중에 실천하지 못한 일들을 주말에 할 수 있도록 합니다.

2. 실천 가능한 학습계획 세우기

　실천 가능한 학습계획표를 세우기 위해서는 시간가계부를 작성하여 파악한 가용시간의 일부 시간을 자주도 시간, 즉 자기주도학습시간과 준비영역의 시간(독서나 운동, 진로관련 활동 등)으로 확보하고 이를 실천에 옮길 수 있도록 구체적인 계획을 세우는 것이 중요합니다. 계획을 세울 때는 너무 높은 목표나 양보다는 현재의 상태에서 조금만 노력하면 이룰 수 있는 정도의 계획을 세우도록 도와주시기 바랍니다.

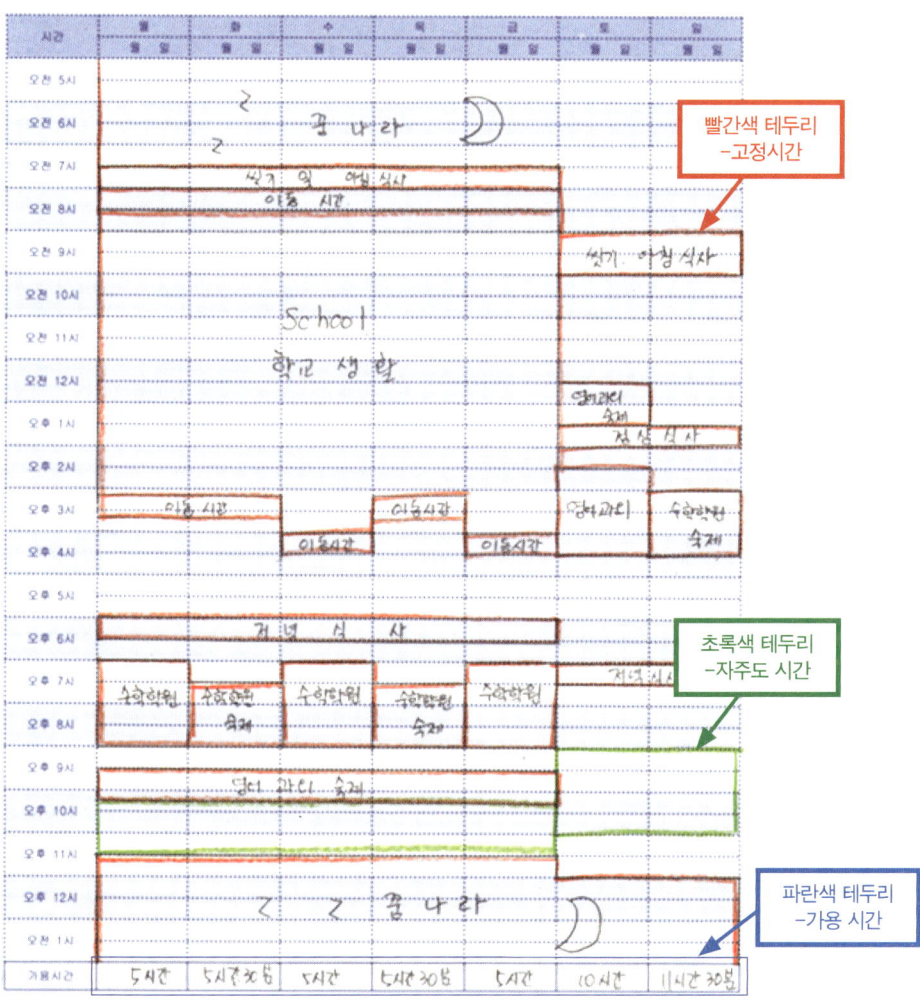

※ 주간 학습 계획표 작성하기

1) 고정시간을 먼저 기록하고 빨간 색 박스로 표시합니다.

기상시간, 취침시간, 식사시간, 학교 준비 및 이동시간, 학교에서 요일별로 하교 시간, 학원 및 과외시간, 과제시간, 종교 활동 시간 등

2) 비어있는 가용시간을 요일별로 합산합니다.

3) 가용시간 중 일부를 자주도 시간으로 확보하고 초록색으로 표시를 합니다.

4) 요일별 자주도 시간에 실천할 구체적인 계획 세우기

	가용시간	자주도 시간	실천 항목	내용
월	5	1시간 15분	사회, 국어(60분) 줄넘기(15분)	사회 : 예습, 복습하기 국어 : 복습하기 줄넘기 : 200개 하기
화	5.5	1시간 15분	과학, 국어(60분) 줄넘기(15분)	과학 : 예습, 복습하기 국어 : 복습하기 줄넘기 : 200개 하기
수	5	1시간 15분	사회, 국어(60분) 줄넘기(15분)	사회 : 예습, 복습하기 국어 : 복습하기 줄넘기 : 200개 하기

5) 예비시간 확보하기

주말에는 가급적 많은 계획을 세우지 않는 것이 좋습니다. 만약에 주중에 놓친 계획들이 있다면 주말에 실천해야 함을 충분히 설명해 주시고 주중에 해야 할 일들을 모두 수행했다면 주말은 충분히 쉴 수 있도록 해주시기 바랍니다.

3. 학습계획 점검하기(피드백)

① 가용시간과 나에게 주는 긍정 한마디를 작성하게 합니다. 나에게 주는 긍정 한마디는 매일 다르게 작성할 필요는 없습니다. 같은 말이라도 자신에게 기운을 줄 수 있는 말이라면 여러 번 반복해서 작성해도 좋습니다.

② 당일 해야 할 일은 해야 할 학습에 관련된 사항과 운동, 독서 계획 등을 기록하거나 새롭게 해야 할 수행 과제, 다음 날 수업준비 사항 등도 기록하게 합니다.

③ 하고 싶은 일에는 그날 자신이 하고 싶은 일을 적게 합니다.

④ 각 항목에 대한 예상시간 작성

: 예상시간은 말 그대로 계획했던 학습을 실행하는 데 소요되는 시간을 예상하여 작성해 보는 것입니다. 예를 들면 영어 단어 30개를 외우는 데 얼마나 걸리는지, 수학 10문제를 푸는데 얼마나 걸리는지 등의 예상시간을 적어 보는 것입니다.

⑤ 실천여부 및 실제 시간 작성

: 계획한 학습을 실천하는 데 실제 얼마나 걸렸는지를 작성합니다. 처음에는 예상 시간과 실제 시간의 간격이 클 수 있습니다. 아직 자신의 학습능력을 모르는 상황이기 때문입니다. 하지만 예상 시간과 실제 시간을 꾸준히 작성하다 보면 자신이 영어 단어 30개를 외우는데 얼마나 걸리는지, 인터넷 강의 하나를 듣고 정리하고 암기하는데 얼마나 걸리는지를 제대로 알게 되어 다음 학습 계획을 세우고 실천하는데 있어 효율적으로 적용할 수 있게 되는 것입니다.

⑥ 나에게 주는 칭찬 한마디 및 하루계획 실천도 평가

: 하루를 마무리 하면서 자신에게 칭찬을 하도록 합니다. 요즘 청소년들은 자신에 대해 부정적인 이미지를 갖고 있는 경우가 많습니다. 작은 것이라도 자신에게 긍정적인 칭찬을 하게하고 하루를 마무리하며 계획했던 일들을 얼마나 잘 수행했는지에 대한 평가를 하게 합니다.

일일 계획 점검하기

■ 2013 년 11월 22일 금요일 　　　　■ 오늘의 가용시간 : _____ 분

나에게 주는 긍정 한마디 : 인화야 지창욱은 내꺼야 영도도 효심 넌 공부나해~♡♪ 아니야 내꺼야 ♪

과 목	계 획	시간(분)	
		예상	실제
비문학	P. 66, 67 / 서자성어	30	20
문학	P.175~178 / P.139~142 / P.147 / P.37~39 / P.53	120	100
영어	P.92~114 (Lesson. 4) / 암기카드	60	65

· 오늘 하루 피드백하기

· MEMO
인화 오늘 듣니 말해야징 ♡
지창욱 & 영도 내꺼양 ♡
탐내지말고 공부해~♪

〈일일점검일지 사례1〉

일일 계획 점검하기

■ 날짜 : 2014 년 1 월 1 일 수요일   ■ 오늘의 가용시간 : 800 분

나에게 주는 긍정 한마디 : 새해 "첫날"이 밝았다 ♪ 2014

구 분(과목)		내 용	시간(분)	
			예상	실제
해야 할 일	국어	인강 , 복습 (1강)	120	120
	수고	인강 , 문제풀기 (1강)	90	90
	나·문	인강, 내용정리, 복습 (1강)	90	90
	국어	매3비 P.82~85 , 나자성어(7개) (2지문)	30	30

구 분		내 용	시간(분)	
			예상	실제
하고 싶은 일	TV	별에서 온 그대	65	65

· 나에게 칭찬 한 마디!!
  새해 첫날에도 나랑 약속한 것들을
  잘 지켜냈다. 많은 유혹을 뿌리치고 ᕕ(ᐛ)ᕗ

· 오늘 계획 실천도는 10점 만점에 몇 점?

  10점

· MEMO
  김수현과 전지현은
  정말 최강의
  커플이다♥

〈일일점검일지 사례2〉

일일 계획 점검하기

■ 날짜 : 2014 년 1 월 2 일 목 요일   ■ 오늘의 가용시간 : 810 분

나에게 주는 긍정 한마디 : 할일 다 하면 별그대가 .. ♥

구 분	구 분(과목)	내 용	시간(분) 예상	시간(분) 실제
해야 할 일	영어	인강 (1강)	120	90
	미통	인강, 문제풀기, 복습 (1강)	90	120
	사·문	인강, 내용정리, 복습 (2강)	90	60
	국어	매기비 P.86~91, 나자성어(거개) (거지몄)	40	40

구 분	구 분	내 용	시간(분) 예상	시간(분) 실제
하고 싶은 일	TV	별에서 온 그대	65	65

• 나에게 칭찬 한 마디!!

오늘도 잘 지켰다 ㅎㅎ

• 오늘 계획 실천도는 10점 만점에 몇 점?

9점 (늦잠..)

• MEMO

๑๑ ★
24.6 %
더 올라라 ―

〈일일점검일지 사례3〉

제7장 공부가 쉬워지는 **학습**의 **원리**

1. 인지심리학 관점에서의 학습의 원리

학습은 뇌로 들어오는 정보들을 받아들여(입력) 모으고 분석, 필요한 것을 선택하여 저장한 후에 저장된 정보를 필요한 때에 적절하게 꺼내어서(인출) 목적에 맞게 사용하는 과정입니다. 따라서 입력과정인 학(學: 배움)과 저장과정인 습(習: 익힘)의 균형이 중요합니다. 지나치게 배움(學)에 치우지지 않고 익힘(習)의 시간을 충분히 가질 수 있도록 도와주시기 바랍니다.

2. 뇌 속에서의 정보처리 과정

우리 뇌 속에 입력된 정보는 단기기억에서 장기기억으로 저장되어야 필요할 때 인출할 수 있습니다. 단기기억은 현재 머릿속에 떠올라 있는 기억으로 컴퓨터 모니터에 떠있는 정보와 같으며, 장기기억은 현재 머릿속에 떠올라 있진 않지만 저장되어 있는 기억으로 컴퓨터 하드 속에 저장되어 있는 정보와 같습니다.

단기기억 내에 동시에 떠올릴 수 있는 정보의 양은 7±2개로 용량이 제한되어 있기 때문에 장기기억에 저장될 기회를 잡지 못하면 망각됩니다. 단기기억의 용량을 늘리기 위하여 의미를 묶어서 덩어리로 만드는 청킹(Chunking)의 역할이 중요합니다.

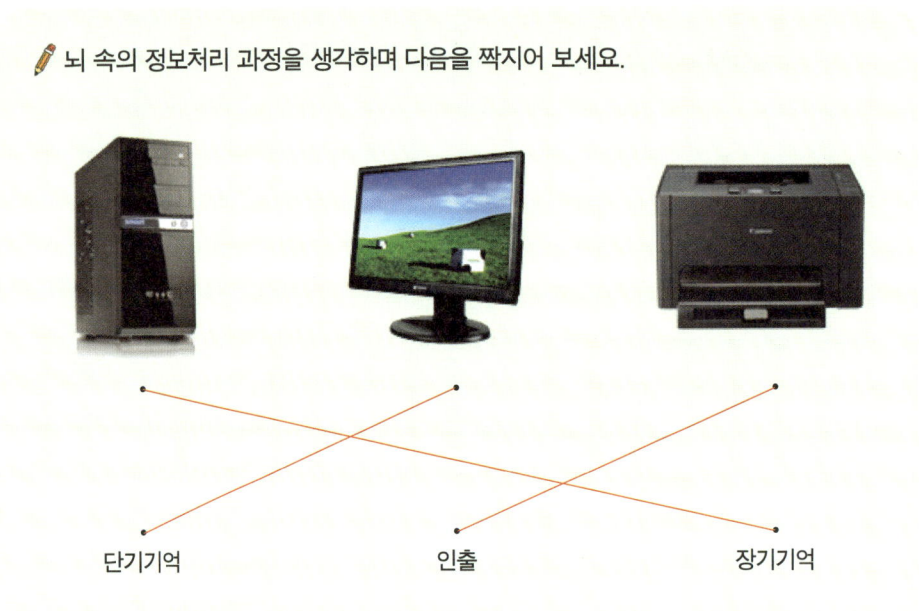

🖉 뇌 속의 정보처리 과정을 생각하며 다음을 짝지어 보세요.

단기기억   인출   장기기억

3. 학습의 원리를 응용한 4단계 완전학습

예습은 다음 수업시간에 배울 내용을 미리 살펴보는 것으로서 새로운 배움을 받아들이기 위한 준비과정입니다.

수업시간에는 배운 내용이 단기기억에서 잠시 머물다가 사라지지 않도록 집중하여 이해하여야 의미 있는 정보로 기억할 수 있습니다.

복습은 수업시간에 배운 내용을 반복하며 다시 구성하고 정리하여 기억하는 과정으로 배운 내용을 내 것으로 완전하게 소화하는 것이 중요합니다.

마지막으로 평가의 과정은 예습, 수업, 복습을 통해 학습한 결과를 확인하는 것입니다. 문제풀이를 통해 장기기억에 저장해 놓은 정보를 인출하는 연습을 하며, 틀린 문제는 반드시 확인하여야 합니다. 문제풀이는 학습의 결과를 확인하는 과정이지 학습의 목표가 아님을 강조해주시기 바랍니다.

✎ 〈보기〉의 완전학습 과정을 우주탐사 과정과 알맞게 짝지어 보세요.

〈보기〉   ① 예습   ② 수업   ③ 복습

1) 우주탐사 전에 탐사할 내용을 미리 정리함 ⇒ (①)

2) 우주에 대한 체험학습 (탐사 중) ⇒ (②)

3) 우주탐사 결과를 정리하고 습득함 ⇒ (③)

학습의 원리를 응용한 예습, 수업, 복습의 개념을 우주탐사과정으로 비유하여 생각하는 것입니다. 연결하여 생각하면 쉽게 완전학습 과정의 개념을 이해할 수 있습니다.

제8장

수업시간을 정복하라!

1. 예습으로 수업 준비하기

예습의 사전적 의미는 '앞으로 배울 것을 미리 익힘'으로서 곧 배우게 될 것을 익히는 것을 말합니다. 한 학기 이상 앞서서 배울 것을 익히는 것이 아니라 다음 수업에 배울 내용을 미리 익히는 것으로서 선행학습과는 다릅니다.

학생들이 예습을 어렵다고 느끼고 잘하지 않는 데에는 무리한 선행학습의 영향이 큽니다. 선행학습은 학생이 스스로 하기 보다는 선생님에게 의존하는 경향이 많고, 학생들에게 수업의 내용을 다 알고 있다는 착각을 하게 만들어 오히려 수업시간에 집중과 이해를 방해하는 경우가 많습니다.

이러한 선행학습과는 달리 예습은 다음 수업의 내용을 미리 보는 것으로 학습의 '준비'단계라 할 수 있으며, 예습은 선생님의 도움 없이 학생 스스로 하는 것이기 때문에 자기 주도적으로 학습하는 힘을 키우는데 중요한 역할을 합니다.

영화나 드라마의 예고편을 보면 흥미가 더해지는 것처럼 수업할 내용을 미리 보면서 생각해보는 예습을 하고 수업에 임하면 기존 지식이 활성화 되어 새로운 지식을 습득하기 쉬워지므로 수업내용의 이해가 잘되고, 수업시간에 무엇을 공부해야 하는지 목표의식이 생겨 수업에 집중을 잘할 수 있습니다.

예습은 다음 수업 시간에 배울 내용을 미리 보면서 수업을 준비하는 것으로서 새로 배울 내용을 미리 이해하는 것보다는 이미 배운 것을 다시 정리해 놓는 것이 더 필요합니다. 새로 배울 내용에 대해서 이해가 어려운 부분이 있다면 수업시간에 선생님의 설명을 듣고 이해하면 되므로, 지금까지 배운 내용 중에 새로 배울 내용과 연관된 개념을 정리하는 것이 예습에서 중요합니다. 예를 들어 다음 수업시간에 상태의 변화에 대해 배운다면 예습할 때 융해, 액화, 기화 등의 개념을 이해하는 것보다 물질의 상태에 대해 이미 배운 것을 정리하는 것입니다. 즉, 고체, 액체, 기체의 특징을 다시 정리하고 수업을 들으면 융해, 액화, 기화의 개념이 더욱 쉽게 이해됩니다.

예습의 목표는 목차를 중심으로 하여 전체 구조를 파악하고 다음 수업의 핵심을 찾는 것과 자신이 아는 것과 모르는 것을 구분하는 것입니다.

교과서에는 예습을 도와주는 여러 단서가 있는데, 먼저 목차를 살펴보면 단원의 구조를 파악할 수 있고, 학습목표와 단원정리는 수업의 핵심내용을 알려줍니다. 이와 같은 단서들을 통해 다음 수업시간에 배울 내용을 예상할 수 있으며 교과서 훑어 읽기를 통해 대략적인 내용을 살피는 것이 예습입니다.

읽는 중에 모르는 용어나 단어가 있다면 사전이나 참고서를 미리 찾아서 그 뜻을 알고 수업에 임해야 수업시간에 더욱 집중하고 이해할 수 있으니 모르는 단어나 용어의 개념을 정확히 알 수 있도록 지도바랍니다.

과목의 특성에 따라 학습에 중점을 두어야 할 부분이 조금씩 다른데, 사회나 역사 과목은 전체구조를 파악하고 기억하는 것이 중요하며, 국어나 영어 과목은 내용보다 원리나 분석에 초점을 두어 글의 내용을 분석할 수 있어야 합니다. 이에 비해 수학이나 과학 과목은 구조와 원리를 적용하여 문제를 해결하는 것에 중점을 두어야 합니다.

따라서, 전체 구조파악이 중요한 사회나 역사 과목은 목차와 학습목표를 활용하여 예습을 하는데 비해 원리와 분석이 중요한 국어 과목은 목차보다 학습목표가 더 중요합니다. 국어 교과서 '단원의 길잡이'에 나와 있는 학습목표와 이를 쉽게 설명하는 도입글을 충분히 이해한 후에 각 소단원별로 작품을 읽고 분석하는데, 이 때 '학습활동'을 잘 활용하는 것이 좋습니다. '학습활동'에는 작품의 내용에 대한 질문과 분석을 돕는 질문들이 제시되어 있기 때문에 작품을 읽기 전에 학습활동의 질문을 보고 작품을 읽으면서 그에 대한 답을 찾는다면 자신이 무엇을 모르는지 파악하기가 쉽습니다.

〈사회교과서 예습 실습〉

단원명	하천과 바다로 떠나는 여행
이번 수업에서 꼭 알아야 할 것은? (학습목표)	
– 하천과 바다가 만든 지형 & 관련된 관광지 – 지형의 형성과정	
이미 배운 내용 중에 새로 배울 내용과 연관된 개념은?	
– 침식작용 & 퇴적작용	

　　제시된 교과서 내용을 읽어보고 수업시간을 미리 그려보며 자유롭게 예고편을 만들 수 있도록 도와주시기 바랍니다. 제시된 교과서가 아니더라도 자신의 교과서를 활용하여도 좋습니다.

　　만화, 극본, 이야기 등 표현방법은 자유롭게 하며, 수업시간에 배울 내용을 미리 생각해보는 것이 중요합니다. 이번 수업에서 꼭 알아야 할 것은 무엇인지, 이미 배운 내용 중에서 수업시간에 새로 배울 내용과 연관된 개념은 무엇이 있는지 생각하며 즐겁게 수업 예고편을 만들 수 있도록 도와주시기 바랍니다.

2. 수업시간 집중하기

　　수업시간에는 집중하여 수업내용을 완벽하게 이해하는 것이 가장 중요합니다. 집중하기 위해서는 올바른 자세로 선생님과 눈을 맞추며 경청하고 기억의 단서를 남기기 위해 수업내용을 빠르게 메모합니다.

수업은 뇌 속에 많은 정보가 입력되는 시간으로서 이 때 다양한 경로로 입력되는 정보일수록 저장이 잘 됩니다. 따라서 가만히 앉아서 귀로만 수업을 듣기보다 손을 움직여 쓰고 입을 움직여 말을 하면서 수업할 때 더욱 효과적인 입력이 이루어져서 기억하기 쉬워집니다.

수업시간 선생님의 설명을 들으면서 기억의 단서를 남기기 위해 빠르게 기록하는 것은 노트필기가 아닌 메모로서 예쁘고 깨끗하게 하는 것은 중요하지 않습니다. 메모를 통해 선생님께서 강조한 내용을 표시하고, 연관되어서 떠오르는 내용이나 확인해야 할 내용 등을 기록하는데, 이 때 수업내용과 관련된 예화나 선생님의 농담도 간단하게 기록해 두면 수업내용을 떠올리는데 도움이 됩니다.

이와 같이 선생님의 설명을 들으면서 메모하는 과정 전체가 에피소드(episode) 기억으로 머릿속에 저장되어 오래도록 기억에 남습니다. 에피소드 기억은 경험을 통해 얻은 기억으로서 책을 통해서 얻은 의미기억보다 오랫동안 기억됩니다. 예를 들어 수업시간에 책의 오른쪽 부분 위쪽에 빨간색 펜으로 메모를 했다는 에피소드가 메모한 내용을 기억하는 데 단서가 되는 것입니다.

수업을 듣는 동안 자신이 이미 가지고 있는 지식과 선생님이 가르쳐주시는 정보가 지속적으로 상호작용을 하면서 이해하게 되고, 이처럼 기존 지식과 새로운 정보의 연합작용을 통해 기억된 정보들은 오랫동안 기억할 수 있는 강한 정보가 됩니다.

따라서 수업시간에는 선생님께 집중하여 완벽하게 이해하면서 빠르게 메모로 흔적을 남겨놓고, 수업이 끝난 후에 복습을 통해 수업내용을 노트에 정리하면서 자신의 것으로 소화해서 저장할 때 완전학습이 이루어지는 것입니다.

수업시간에 최대한 선생님의 설명 내용을 메모할 수 있도록 격려해주시기 바랍니다.

제9장

복습으로 수업을 저장하라!

1. 복습의 중요성

복습은 수업을 통해 입력된 정보들을 저장하는 과정으로서 배운 내용을 소화하여 내 것으로 만드는 단계입니다. 이 때 단기기억을 장기기억으로 저장하는데, 반복과 정보를 재구성하는 부호화(encoding)의 방법으로 저장합니다.

2. 체계적인 반복학습

복습은 배운 후에 되도록 빨리 하고 주기적으로 반복하는 것이 중요합니다. 에빙하우스의 실험에 따르면 10분 후, 24시간 후, 1주일 후, 1개월 후 4회에 걸쳐 주기적으로 반복하면 장기저장을 할 수 있다고 합니다. 효과적인 누적복습방법으로 시스템 5회독 복습을 지도해주시기 바랍니다. 시스템 5회독 복습은 누적반복을 통해 체계적으로 저장할 수 있도록 도와주는 시간관리 시스템이라 할 수 있는데, 횟수가 증가할 때마다 복습 시간은 1/2씩 줄어든다는 전제하에 5회를 연속적으로 복습하는 것입니다. 예를 들어 매일 영단어를 1시간씩 외운다면 1일차에는 새로운 단어를 외우는데 그 시간을 다 사용하지만, 2일차부터는 1일차에 외운 단어를 다시 외우고 새로운 단어를 외우고, 3일차에는 1일차, 2일차에 외운 것을 다시 보고 새로운 단어를 외웁니다.

반복횟수가 늘어날수록 복습 시간은 1/2로 줄어들기 때문에 누적으로 복습한다고 해서 복습시간이 늘어나지 않으며, 그림에서 볼 수 있듯이 학습시간의 1/2은 언제나 새로운 단어를 외우고 1/2은 외웠던 단어를 체계적으로 반복하게 됩니다.

〈직후복습 실습〉

✏️ 수업 스케치 – 오늘 수업시간을 돌아보며 기록해보세요.

교시	과목	단원	핵심내용	이해도	집중도
1				A B C	A B C
2				A B C	A B C
3				A B C	A B C
4				A B C	A B C
5				A B C	A B C
6				A B C	A B C
7				A B C	A B C
오늘 수업 학습 만족도	/ 100	나에게 주는 칭찬 한마디			

복습은 수업 후에 되도록 빨리 하는 것이 효과적입니다. 따라서 10분 내에 하는 직후복습을 몸에 익히는 것이 복습의 첫걸음입니다. 직후복습은 쉬는 시간 10분 내에 지난 수업의 핵심내용을 정리하는 것으로 자신의 집중도와 이해도를 함께 점검해 보는 것이 좋습니다. 쉬는 시간에 하지 못했다면 그 날 하루 안에 작성하도록 합니다.

수업스케치의 항목을 한 번에 모두 작성하기는 힘들고 단계별로 하나씩 훈련해야 합니다. 처음부터 무리하게 모든 항목을 작성하게 하면 오히려 어렵고 힘들다는 느낌을 주어 수업스케치를 하지 않게 되기 쉽습니다.

학생의 수준에 맞춰 과목 → 단원명 → 핵심내용을 단계별로 작성하도록 지도해 주시기 바랍니다. 과목과 단원명을 모두 작성할 수 있을 때 핵심내용을 기록하도록 합니다.

수업스케치를 기초로 수업시간 배운 내용을 말로 설명하도록 도와주면 더욱 효과적입니다. 배운 것을 말로 설명할 수 있을 때 완전히 이해했다고 할 수 있습니다.

3. 재구성하여 정리하기

수업내용을 완벽하게 이해하고 나만의 언어로 정리하는 것이 복습의 핵심입니다. 이것을 몸에 익히기 위해서 교과서를 정독하고 그 내용을 개념노트에 정리한 후에 이해가 완성된 개념을 기억하기 쉽게 바꿔주기 위해서 마인드맵으로 표현해 봅니다.

반드시 노트정리를 하고 마인드맵을 그리는 것이 중요한 것이 아니라 어떤 방법을 사용하든지 학생 스스로 자신만의 언어로 수업내용을 정리하는 것이 중요합니다.

〈정독, 개념노트 실습〉

🖊 다음 교과서를 정독하고 개념노트를 작성해 보세요.

교과서 정독을 할 때에는 내용을 완전히 이해하는 것이 중요합니다.
다음과 같이 정독기호를 사용하여 핵심어에 표시를 하고 밑줄을 그어 가며 읽으면 더욱 이해가 잘됩니다.

〈정독기호〉

키워드 (개념목차)	▭
키워드 (개념정리)	─
모르는 단어 (개념어휘)	⬭
접속사	△

교과서를 정독한 후 나만의 용어로 개념노트를 작성합니다. 교과서 내용을 그대로 옮겨 적는 것이 아니라 나만의 용어로 재구성하여 정리하도록 도와주시기 바랍니다.

✏ 〈개념노트〉

단원명	삼국을 통일한 신라 (통일신라의 발전)						
반복학습(5회독)	1	2	3	4	5	α	Ω
핵심개념	정리						
발전 (4)	1) 제도 바꿈						
	2) 불교 → 백성들의 정신 하나로(원효)						
	3) 찬란한 민족문화 = 신라 + 백제 + 고구려						
	4) 문화재 : 불국사, 석굴암, 성덕대왕신종						
장보고 (2)	1) 청해진 설치(완도)						
	why? 중국 해적으로부터 백성 지킴						
	2) 국제무역(중국 – 신라 – 일본)						
쇠퇴 (2)	1) 200여년동안 번영						
	2) 귀족들의 왕위 다툼						

개념노트를 작성할 때 개념 사이에는 한 줄을 띄어서 작성하면 개념이 더욱 선명하게 눈에 들어옵니다. 개념노트를 작성하고 주기적으로 반복하는데, 반복횟수는 1~5칸에 표시하여 알 수 있도록 합니다.

위의 예를 살펴보면, 통일신라의 발전에 대한 부분으로 주요개념은 통일신라의 발전, 장보고, 통일신라의 쇠퇴로 나눌 수 있습니다. 주요개념에 대한 설명을 찾고 번호를 붙여서 개념을 정리한 후에 개념노트를 작성합니다. 이를 테면, 첫 번째 주요개념 통일신라의 발전의 내용은 제도 바꿈, 불교, 찬란한 민족문화, 문화재 이렇게 4가지로 정리할 수 있는 것입니다. 이것을 '발전(4)'로 표시하여 핵심개념을 말로 설명하는 인출연습을 할 때 4가지를 확인할 수 있습니다.

개념노트로 충분히 복습하고 나면 마인드맵을 그려서 확인(인출연습)해 봅니다. 개념노트를 작성하기 어려워하는 학생의 경우, 교과서 정독 후 마인드맵으로 정리하도록 하여도 좋습니다.

성격유형에 따라 개념노트작성을 어려워하거나 작성하기 싫어하는 경우가 있습니다. 수업내용을 나만의 용어로 재구성하는 방법은 학생의 특성에 달라질 수 있습니다. 개념노트나 마인드맵 어느 것이든 학생이 좋아하는 방법으로 수업내용을 정리할 수 있도록 도와주시기 바랍니다.

〈마인드맵 실습〉

✏️ 작성한 개념노트를 마인드맵으로 표현해 보세요.

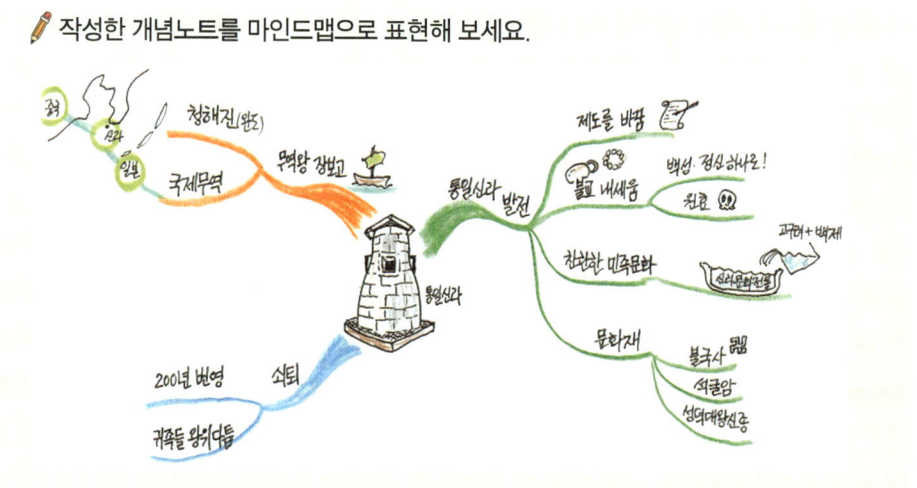

제10장 문제집 활용법과 시험 피드백

◉ 시작하기 전에…

◉ 평소 문제집은 언제 주로 활용하여 공부를 하나요?

문제집은 복습(암기)을 하고나서 풀어 보아야 하는 것입니다. 많은 학생들이 개념에 대한 공부를 하지 않은 상태에서 문제만을 풀고 있는데 이것은 굉장히 잘못된 방법이라 할 수 있습니다. 개념에 대한 이해와 암기가 되어 있지 않은 상황에서 문제만 풀고 시험을 보는 습관을 가지고 있다면 고쳐야 합니다.

◉ 시험 보기 전에 참고서나 문제집을 가지고 공부를 하나요?

의외로 참고서나 문제집 없이 공부를 하는 학생들이 많습니다. 반드시 필요한 것은 아니지만 수업시간에 이해가 잘 안된 부분이 있다거나 혼자서 중요한 것을 구분해 내지 못한다면 참고서를 활용해야 합니다. 또한 문제집으로 자신이 공부한 내용을 점검해 보는 것도 중요합니다.

◉ 공부를 할 때 주로 참고서나 문제집으로 하는 편인가요?

공부는 교과서 위주로 공부를 해야 합니다. 참고서나 문제집은 교과서를 활용하여 공부하면서 부수적으로 필요한 것입니다.

◉ 평소 문제집을 푸는 이유는 무엇이라고 생각하나요?

많은 학생들이 공부한 내용을 확인하기 위해서 문제를 풀어야 한다는 것은 알고 있지만 실제로는 문제집을 제대로 활용하지 못하고 있는데 문제가 있습니다. 이번 장에서 문제풀이의 효율적인 방법을 살펴보도록 하겠습니다.

1. 문제풀이의 목표

완벽한 이해와 기억을 통해 필요할 때 인출할 수 있는 상태의 학습을 하기 위한 완전학습의 마지막 과정은 복습을 통해 장기기억에 저장된 것을 확인하는 문제풀이라고 할 수 있습니다. 문제풀이는 학습한 내용의 저장여부를 점검하는 동시에 인출을 연습하는 것으로 이해하고 암기한 개념들이 어떻게 활용되는지를 문제집을 통해 확인하고 자신의 취약부분을 파악하여 보완하는 것입니다.

2. 문제를 풀고 채점하는 방법

문제집을 풀 때는 문제집에 답을 바로 체크하지 말고 포스트잇이나 다른 노트에 답을 적고 채점만 문제집에 합니다. 문제집에 답을 체크하면 그 문제를 두 번 이상 풀기가 어려워지기 때문입니다. 문제를 풀면서 헷갈리는 문제에는 물음표(?)를 하고 처음 보는 문제이거나 채점을 하면서 틀린 문제는 별(☆)표를 합니다.

예시 1) 일반적인 채점 방법

문제집에 바로 답을 체크하고 채점을 하면서 정답도 문제집에 바로 표시하기 때문에 한번 풀었던 문제는 다시 풀어볼 수 없게 됩니다.

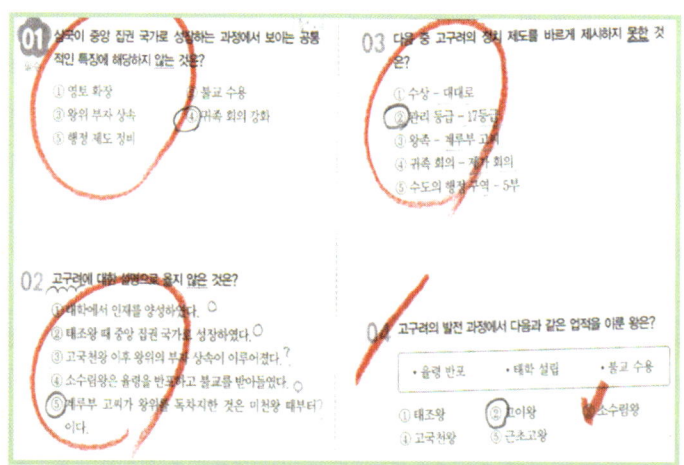

예시 2) 개선된 채점 방법

　문제에 대한 답을 별도의 노트나 포스트잇에 작성을 한 후 채점은 문제집에 표시를 합니다. 풀면서 몰랐던 문제를 맞은 03번 문제의 경우 다시 한 번 확실히 개념 공부를 해야 하고 풀면서 몰라서 별표시를 했던 04번 문제도 개념을 다시 외워야 합니다. 이런 방법으로 문제를 풀면 며칠 후에 문제를 한 번 더 풀어볼 수 있고 제대로 공부가 되었는지 확인도 가능하게 되는 것입니다.

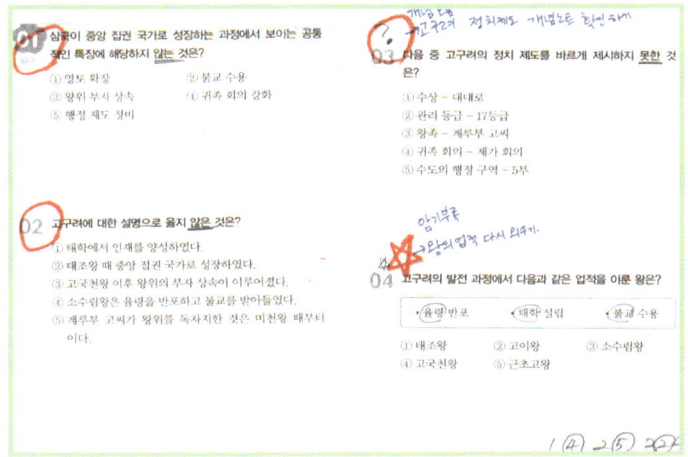

3. 시험 대비 학습과정

　시험의 목표는 학습을 통해 장기기억에 저장해 놓은 지식을 완벽하게 표현하는 것입니다. 다시 말해 저장한 내용을 인출하는 것이 시험이므로, 시험을 대비하기 위해서는 평소 꾸준히 복습을 하여 저장을 잘해놓아야 내가 필요한 정보를 쉽게 인출하여 원하는 결과를 얻을 수 있게 됩니다.

　시험 준비는 수업시간부터 출발하는 것입니다. 수업시간에 잘 듣는 것이 중요한데 시험기간에는 그 중요성이 더욱 높아집니다. 시험대비 2주전까지 수업시간에 배운 내용의 대부분이 시험범위이기 때문에 수업시간에 완벽하게 이해하는 것이 바로 시험 공부가 되는 것입니다.

개념 정리 → 암기 → 문제 풀이 → 오답 분석 → 총정리

시험대비 학습은 우선 과목별로 교과서와 프린트를 정독한 후에 개념을 정리하고 암기해야 합니다. 이해했다고 암기된 것이 아니므로 반드시 별도의 암기시간을 통해 암기하여야 하는데 잘 외워지지 않는 내용은 카드에 따로 적어서 자투리 시간을 이용하여 반복하도록 합니다. 문제를 풀고 나서 채점하는 데 그치는 것이 아니라 무엇 때문에 답이 틀렸으며 바른 답은 어떤 개념을 알아야 하는지 확인하는 과정이 반드시 필요합니다. 문제를 푸는 이유는 머릿속에 저장이 잘 되어있는가를 확인하여 부족한 부분을 보완하는 것이기 때문입니다.

마지막 총정리 과정에서 특히 수학 과목은 주어진 시험시간 내에 문제를 푸는 능력이 중요하므로 시간을 정해놓고 시험과 같은 상황에서 문제를 푸는 연습을 하도록 하는 것이 좋습니다. 암기과목들은 핵심을 정리한 내용을 빈칸으로 만들어 빈칸 정리 해 보기, 백지에 목차와 함께 핵심 적어보기, 시험문제 스스로 출제해 보기 등의 방법을 통해 총정리를 하면 효과적입니다.

4. 시험 피드백 하기

1) 이번 시험 돌아보기

시험을 마치고 나서 시험 분석지를 활용하여 시험 준비 과정에서 충분히 노력했는지, 계획을 작성하고 실천했는지, 시험을 대비하여 세운 목표는 무엇이며 그것을 달성했는지 등을 점검하도록 합니다. 또한 시험대비 학습의 과정을 과목별로 살펴보고 목표점수를 얻지 못했다면 그 원인이 무엇이었는지(예: 비효율적 공부 방법, 수업시간 소홀, 학습시간 부족, 시험난이도, 컨디션 난조 등) 분석하여 다음 시험에서는 부족한 점을 발전시킬 수 있도록 노력하는 자세가 중요한 것입니다.

기말고사 돌아보기

이름 : _____

1. 이번 시험 준비를 하며 본인은 충분히 노력했다고 생각하나요?

매우 그렇다	그런 편이다	보통이다	노력하지 않았다	전혀 노력하지 않았다

내가 갖고 있는 능력이 100이라면 이번 시험에서 내 능력의 몇 %를 사용했나요? (63%   )
그렇게 생각한 이유 : 시험지를 다시 되돌아 봤을 때 충분히 풀 수 있는 것이었다.

2. 지난 시험 준비기간 동안 나의 수면시간은 어떠했나요?

기상시간	6시	취침시간	12시	평균 수면시간	6시간

3. 시험 준비 과정에서 계획을 세워서 공부했나요?

매우 그렇다	그런 편이다	보통이다	그렇지 않았다	전혀 그렇지 않았다

계획을 세웠다면 계획에 따라 잘 실천했나요?

매우 그렇다	그런 편이다	보통이다	그렇지 않았다	전혀 그렇지 않았다

4. 시험 준비 과정에서 내가 학습한 방법을 생각해보면

과목명	공부방법				시험결과 만족도		
	교과서/노트	문제집	학원수강	기타	만족	보통	불만족
국어	✓				만족	보통	불만족
수학	✓	✓	✓		만족	보통	불만족
영어	✓	✓	✓		만족	보통	불만족
한자	✓				만족	보통	불만족

5. 이번 시험에서 목표성적을 이루지 못한 과목은 무엇이며 그 이유는 무엇이라 생각하나요?

과목 : 한자-암기부족, 수학, 국어-시험시간 실수

수업시간 소홀	시험대비 학습시간 부족	시험계획 실천 부족
(시험시간 실수)	시험 난이도 높음	시험불안 (컨디션 난조)
개념이해 부족	내용정리 부족	(암기부족)

6. 이번 시험을 준비하는 과정과 시험을 보는 과정에서 잘한 점은?

전보다 실수가 줄었다.

7. 다음 시험을 준비할 때 가장 우선적으로 노력해야 할 것은?

규칙적인 수면시간	학습방해 원인 차단	시험에 대한 목표의식
수업 집중하기	개념이해 잘 하기	철저히 복습하기
(정확히 암기하기)	시험계획 세우고 실천하기	시험치기 기술(실수 줄이기)

8. 이번 시험을 치르면서 잘한 점과 개선할 점은?

잘한 점	개선할 점
학원 외에 혼자 공부한 것 컨디션 조절 복습 많이 한 것	한자 – 꼼꼼히, 자세히 외우기 국어 – 시험시간관리 잘하기 수학 – 문제 꼼꼼히 읽기 목표 과목에 열중할 것

2) 과목별 오답분석

시험지를 훑어보면서 맞은 문제라도 확실하게 알고 쓴 것인지 추측으로 맞힌 것인지, 틀린 문제는 무엇 때문에 틀린 것인지 검토하는 과정입니다.

틀린 문제는 먼저 어느 단원에서 출제되었는지를 살피고 배움(學)과정, 익힘(習)과정, 시험과정으로 구분하여 오답의 원인을 분석합니다. 수업시간 경청부족, 노트정리 부족, 기초학습 능력부족 등과 같은 배움 과정에서의 문제인지, 개념이해 부족, 내용정리 부족, 복습부족 등과 같은 익힘 과정에서의 문제인지 또는 시험을 치르는 과정에서 실수, 문제이해 및 응용력 부족, 시간부족, 시험불안 등으로 인해 오답이 발생되었는지 살펴보도록 하는 것입니다.

오답이 많지 않은 상위권 학생들은 오답분석이 어렵지 않지만 오답이 많은 중하위권 학생들에겐 시험지를 다시 꺼내보는 것부터 싫어할 수 있기 때문에 상위권 학생들은 주요과목의 오답을 분석하는 것이 필요하지만, 중위권 학생들은 우선순위 1순위 과목부터 또는 성적이 가장 높은 것부터 1~2과목 정도 오답분석을 시도하는 것이 좋습니다. 오답의 원인을 파악하고 나면 다음 시험에서 오답을 줄이기 위해서 그 원인을 해결하는 방법을 모색해야 하는데 우선 수업태도를 개선해서 수업시간에 최대한 집중하여 이해할 수 있도록 해야 합니다. 수업시간에 80%이상을 이해하는 것을 목표로 하여 예습으로 수업시간의 흥미를 높이고 이해가 안 되는 것은 질문을 통해 완전하게 이해할 수 있도록 하는 것입니다.

MEMO

두근두근

자주학

포트폴리오

환경 관리 상황 점검표

작성 날짜		학교		학년		이름	

◇ 평소 학습을 하는 상황만을 고려해서 작성합니다.

◇ 가급적이면 점수를 0점은 주지 마세요.

◇ 최대한 솔직히 작성해 주세요.

◇ 해당하는 점수에 연필로 •표시를 합니다.

◇ •표시를 서로 연결해 주세요.

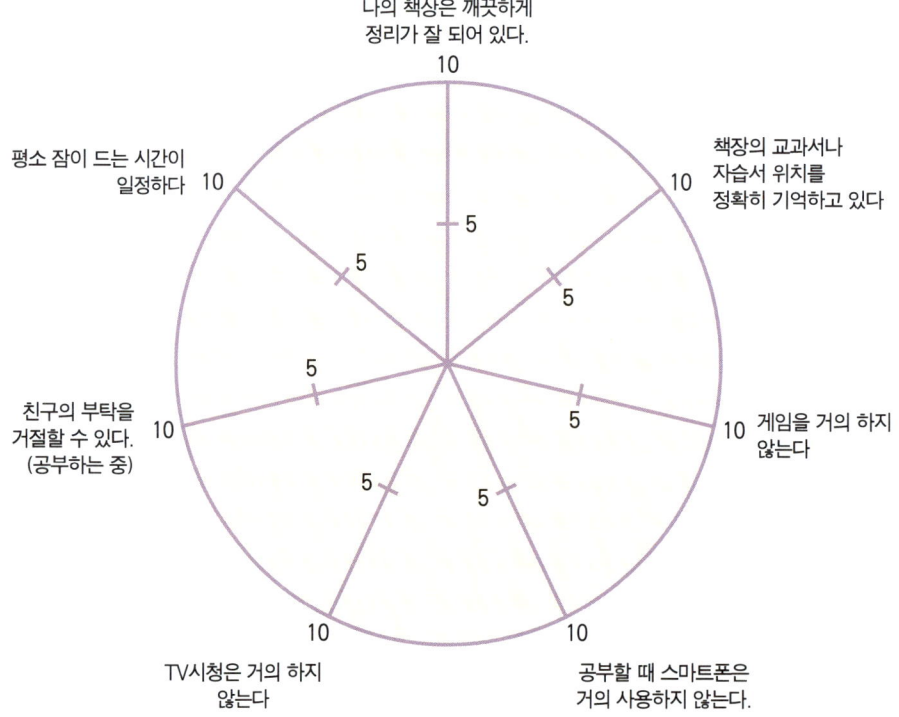

미디어 일지

날짜	시간				합계
	스마트폰	컴퓨터 게임	인터넷	TV 시청	

✏️ 나만의 개선 방법을 찾아봅시다!

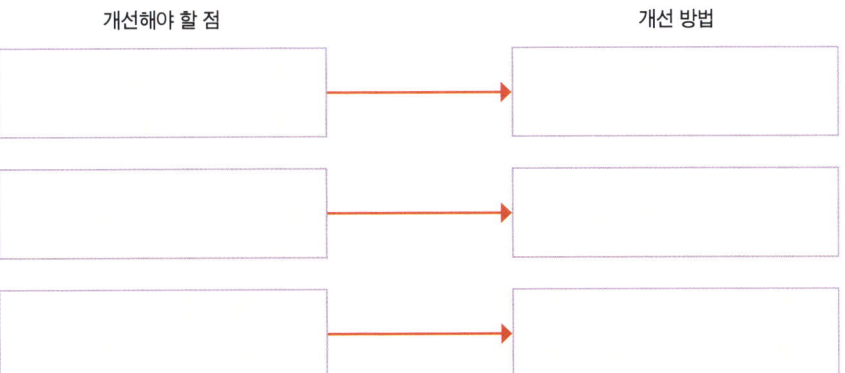

개선해야 할 점   개선 방법

감정 일기

◇ 하루를 돌아보며 자신이 느꼈던 감정의 이름을 붙여서(감정단어 사용) 기록함

날짜	오늘 나의 감정	그 감정이 생긴 이유는 무엇일까?	감정을 어떻게 표현했나?

날짜	오늘 나의 감정	그 감정이 생긴 이유는 무엇일까?	감정을 어떻게 표현했나?

시간 가계부

시간	월 월 일	화 월 일	수 월 일	목 월 일	금 월 일	토 월 일	일 월 일
오전 5시							
오전 6시							
오전 7시							
오전 8시							
오전 9시							
오전 10시							
오전 11시							
오전 12시							
오후 1시							
오후 2시							
오후 3시							
오후 4시							
오후 5시							
오후 6시							
오후 7시							
오후 8시							
오후 9시							
오후 10시							
오후 11시							
오후 12시							
오전 1시							
가용시간							

시간 가계부

시간	월 월 일	화 월 일	수 월 일	목 월 일	금 월 일	토 월 일	일 월 일
오전 5시							
오전 6시							
오전 7시							
오전 8시							
오전 9시							
오전 10시							
오전 11시							
오전 12시							
오후 1시							
오후 2시							
오후 3시							
오후 4시							
오후 5시							
오후 6시							
오후 7시							
오후 8시							
오후 9시							
오후 10시							
오후 11시							
오후 12시							
오전 1시							
가용시간							

주간 학습 계획표

시간	월		화		수		목		금		토		일	
	월	일	월	일	월	일	월	일	월	일	월	일	월	일
오전 5시														
오전 6시														
오전 7시														
오전 8시														
오전 9시														
오전 10시														
오전 11시														
오전 12시														
오후 1시														
오후 2시														
오후 3시														
오후 4시														
오후 5시														
오후 6시														
오후 7시														
오후 8시														
오후 9시														
오후 10시														
오후 11시														
오후 12시														
오전 1시														
가용시간														

주간 학습 계획표

시간	월 월 일		화 월 일		수 월 일		목 월 일		금 월 일		토 월 일		일 월 일	
오전 5시														
오전 6시														
오전 7시														
오전 8시														
오전 9시														
오전 10시														
오전 11시														
오전 12시														
오후 1시														
오후 2시														
오후 3시														
오후 4시														
오후 5시														
오후 6시														
오후 7시														
오후 8시														
오후 9시														
오후 10시														
오후 11시														
오후 12시														
오전 1시														
가용시간														

주간 학습 계획표

시간	월 월 일		화 월 일		수 월 일		목 월 일		금 월 일		토 월 일		일 월 일	
오전 5시														
오전 6시														
오전 7시														
오전 8시														
오전 9시														
오전 10시														
오전 11시														
오전 12시														
오후 1시														
오후 2시														
오후 3시														
오후 4시														
오후 5시														
오후 6시														
오후 7시														
오후 8시														
오후 9시														
오후 10시														
오후 11시														
오후 12시														
오전 1시														
가용시간														

주간 학습 계획표

시간	월 월 일	화 월 일	수 월 일	목 월 일	금 월 일	토 월 일	일 월 일
오전 5시							
오전 6시							
오전 7시							
오전 8시							
오전 9시							
오전 10시							
오전 11시							
오전 12시							
오후 1시							
오후 2시							
오후 3시							
오후 4시							
오후 5시							
오후 6시							
오후 7시							
오후 8시							
오후 9시							
오후 10시							
오후 11시							
오후 12시							
오전 1시							
가용시간							

일일 계획 점검표

• 날짜 : 20   년   월   일   요일   • 오늘의 가용시간 :   분

나에게 주는 긍정 한마디:

	구분(과목)	내용	시간(분)	
			예상	실제
해야 할 일				

	구분(과목)	내용	시간(분)	
			예상	실제
하고 싶은 일				

나에게 칭찬 한마디!

목표 성취도는 몇 점?

일일 계획 점검표

• 날짜 : 20   년   월   일   요일   • 오늘의 가용시간 :   분

나에게 주는 긍정 한마디:

	구분(과목)	내용	시간(분)	
			예상	실제
해야 할 일				

	구분(과목)	내용	시간(분)	
			예상	실제
하고 싶은 일				

나에게 칭찬 한마디!

목표 성취도는 몇 점?

일일 계획 점검표

• 날짜 : 20   년   월   일   요일   • 오늘의 가용시간 :   분

나에게 주는 긍정 한마디:

	구분(과목)	내용	시간(분)	
			예상	실제
해야 할 일				

	구분(과목)	내용	시간(분)	
			예상	실제
하고 싶은 일				

나에게 칭찬 한마디!

목표 성취도는 몇 점?

일일 계획 점검표

• 날짜 : 20   년   월   일   요일   • 오늘의 가용시간 :   분

나에게 주는 긍정 한마디:

	구분(과목)	내용	시간(분)	
			예상	실제
해야 할 일				

	구분(과목)	내용	시간(분)	
			예상	실제
하고 싶은 일				

나에게 칭찬 한마디!

목표 성취도는 몇 점?

일일 계획 점검표

• 날짜 : 20   년   월   일   요일   • 오늘의 가용시간 :   분

나에게 주는 긍정 한마디:

	구분(과목)	내용	시간(분)	
			예상	실제
해야 할 일				

	구분(과목)	내용	시간(분)	
			예상	실제
하고 싶은 일				

나에게 칭찬 한마디!

목표 성취도는 몇 점?

일일 계획 점검표

• 날짜 : 20　　년　　월　　일　　요일　　　• 오늘의 가용시간 :　　　분

나에게 주는 긍정 한마디:

	구분(과목)	내용	시간(분)	
			예상	실제
해야 할 일				

	구분(과목)	내용	시간(분)	
			예상	실제
하고 싶은 일				

나에게 칭찬 한마디!

목표 성취도는 몇 점?

일일 계획 점검표

• 날짜 : 20   년   월   일   요일   • 오늘의 가용시간 :   분

나에게 주는 긍정 한마디:

	구분(과목)	내용	시간(분)	
			예상	실제
해야 할 일				

	구분(과목)	내용	시간(분)	
			예상	실제
하고 싶은 일				

나에게 칭찬 한마디!

목표 성취도는 몇 점?

일일 계획 점검표

• 날짜 : 20   년   월   일   요일   • 오늘의 가용시간 :   분

┌───┐
  나에게 주는 긍정 한마디:
└───┘

	구분(과목)	내용	시간(분)	
			예상	실제
해야 할 일				

	구분(과목)	내용	시간(분)	
			예상	실제
하고 싶은 일				

나에게 칭찬 한마디!	목표 성취도는 몇 점?

139

일일 계획 점검표

• 날짜 : 20   년   월   일   요일   • 오늘의 가용시간 :   분

나에게 주는 긍정 한마디:

해야 할 일	구분(과목)	내용	시간(분)	
			예상	실제

하고 싶은 일	구분(과목)	내용	시간(분)	
			예상	실제

나에게 칭찬 한마디!

목표 성취도는 몇 점?

일일 계획 점검표

• 날짜 : 20   년   월   일   요일   • 오늘의 가용시간 :   분

나에게 주는 긍정 한마디:

	구분(과목)	내용	시간(분)	
			예상	실제
해야 할 일				

	구분(과목)	내용	시간(분)	
			예상	실제
하고 싶은 일				

나에게 칭찬 한마디!

목표 성취도는 몇 점?

일일 계획 점검표

• 날짜 : 20　　년　　월　　일　　요일　　　• 오늘의 가용시간 :　　　분

나에게 주는 긍정 한마디:

	구분(과목)	내용	시간(분)	
			예상	실제
해야 할 일				

	구분(과목)	내용	시간(분)	
			예상	실제
하고 싶은 일				

나에게 칭찬 한마디!

목표 성취도는 몇 점?

일일 계획 점검표

• 날짜 : 20   년   월   일   요일   • 오늘의 가용시간 :   분

나에게 주는 긍정 한마디:

	구분(과목)	내용	시간(분)	
			예상	실제
해야 할 일				

	구분(과목)	내용	시간(분)	
			예상	실제
하고 싶은 일				

나에게 칭찬 한마디!

목표 성취도는 몇 점?

일일 계획 점검표

• 날짜 : 20   년   월   일   요일   • 오늘의 가용시간 :   분

나에게 주는 긍정 한마디:

	구분(과목)	내용	시간(분)	
			예상	실제
해야 할 일				

	구분(과목)	내용	시간(분)	
			예상	실제
하고 싶은 일				

나에게 칭찬 한마디!

목표 성취도는 몇 점?

일일 계획 점검표

• 날짜 : 20   년   월   일   요일   • 오늘의 가용시간 :   분

나에게 주는 긍정 한마디:

	구분(과목)	내용	시간(분)	
			예상	실제
해야 할 일				

	구분(과목)	내용	시간(분)	
			예상	실제
하고 싶은 일				

나에게 칭찬 한마디!

목표 성취도는 몇 점?

일일 계획 점검표

- 날짜 : 20　년　월　일　요일　　• 오늘의 가용시간 :　　분

나에게 주는 긍정 한마디:

	구분(과목)	내용	시간(분)	
			예상	실제
해야 할 일				

	구분(과목)	내용	시간(분)	
			예상	실제
하고 싶은 일				

나에게 칭찬 한마디!

목표 성취도는 몇 점?

일일 계획 점검표

• 날짜 : 20   년   월   일   요일   • 오늘의 가용시간 :   분

나에게 주는 긍정 한마디:

	구분(과목)	내용	시간(분)	
			예상	실제
해야 할 일				

	구분(과목)	내용	시간(분)	
			예상	실제
하고 싶은 일				

나에게 칭찬 한마디!

목표 성취도는 몇 점?

일일 계획 점검표

• 날짜 : 20   년   월   일   요일   • 오늘의 가용시간 :   분

나에게 주는 긍정 한마디:

	구분(과목)	내용	시간(분)	
			예상	실제
해야 할 일				

	구분(과목)	내용	시간(분)	
			예상	실제
하고 싶은 일				

나에게 칭찬 한마디!

목표 성취도는 몇 점?

일일 계획 점검표

• 날짜 : 20　　년　　월　　일　　요일　　• 오늘의 가용시간 :　　분

나에게 주는 긍정 한마디:

	구분(과목)	내용	시간(분)	
			예상	실제
해야 할 일				

	구분(과목)	내용	시간(분)	
			예상	실제
하고 싶은 일				

나에게 칭찬 한마디!

목표 성취도는 몇 점?

일일 계획 점검표

• 날짜 : 20   년   월   일   요일   • 오늘의 가용시간 :   분

나에게 주는 긍정 한마디:

	구분(과목)	내용	시간(분)	
			예상	실제
해야 할 일				

	구분(과목)	내용	시간(분)	
			예상	실제
하고 싶은 일				

나에게 칭찬 한마디!

목표 성취도는 몇 점?

일일 계획 점검표

• 날짜 : 20   년   월   일   요일   • 오늘의 가용시간 :   분

나에게 주는 긍정 한마디:

	구분(과목)	내용	시간(분)	
			예상	실제
해야 할 일				

	구분(과목)	내용	시간(분)	
			예상	실제
하고 싶은 일				

나에게 칭찬 한마디!

목표 성취도는 몇 점?

수업 스케치

◇ 오늘 수업시간을 돌아보며 기록해보세요.

교시	과목	단원	핵심내용	이해도	집중도
1				A B C	A B C
2				A B C	A B C
3				A B C	A B C
4				A B C	A B C
5				A B C	A B C
6				A B C	A B C
7				A B C	A B C
오늘 수업 학습 만족도	/ 100	나에게 주는 칭찬 한마디			

수업 스케치

◇ 오늘 수업시간을 돌아보며 기록해보세요.

교시	과목	단원	핵심내용	이해도	집중도
1				A B C	A B C
2				A B C	A B C
3				A B C	A B C
4				A B C	A B C
5				A B C	A B C
6				A B C	A B C
7				A B C	A B C
오늘 수업 학습 만족도	/ 100	나에게 주는 칭찬 한마디			

수업 스케치

◇ 오늘 수업시간을 돌아보며 기록해보세요.

교시	과목	단원	핵심내용	이해도	집중도
1				A B C	A B C
2				A B C	A B C
3				A B C	A B C
4				A B C	A B C
5				A B C	A B C
6				A B C	A B C
7				A B C	A B C
오늘 수업 학습 만족도	/ 100	나에게 주는 칭찬 한마디			

수업 스케치

◇ 오늘 수업시간을 돌아보며 기록해보세요.

교시	과목	단원	핵심내용	이해도	집중도
1				A B C	A B C
2				A B C	A B C
3				A B C	A B C
4				A B C	A B C
5				A B C	A B C
6				A B C	A B C
7				A B C	A B C
오늘 수업 학습 만족도	/ 100	나에게 주는 칭찬 한마디			

개념노트

단원명							
반복학습(5회독)	1	2	3	4	5	a	Ω
핵심개념	정리						

개념노트

단원명							
반복학습(5회독)	1	2	3	4	5	a	Ω
핵심개념	정리						

개념노트

단원명							
반복학습(5회독)	1	2	3	4	5	α	Ω
핵심개념	정리						

개념노트

단원명							
반복학습(5회독)	1	2	3	4	5	a	Ω
핵심개념	정리						

_____고사 돌아보기

이름 : _____

1. 이번 시험 준비를 하며 본인은 충분히 노력했다고 생각하나요?

매우 그렇다	그런 편이다	보통이다	노력하지 않았다	전혀 노력하지 않았다

내가 갖고 있는 능력이 100이라면 이번 시험에서 내 능력의 몇 %를 사용했나요? (   )

그렇게 생각한 이유 : _____

2. 지난 시험 준비기간 동안 나의 수면시간은 어떠했나요?

기상시간	시	취침시간	시	평균 수면시간	시간

3. 시험 준비 과정에서 계획을 세워서 공부했나요?

매우 그렇다	그런 편이다	보통이다	그렇지 않았다	전혀 그렇지 않았다

계획을 세웠다면 계획에 따라 잘 실천했나요?

매우 그렇다	그런 편이다	보통이다	그렇지 않았다	전혀 그렇지 않았다

4. 시험 준비 과정에서 내가 학습한 방법을 생각해보면

과목명	공부방법				시험결과 만족도		
	교과서/노트	문제집	학원수강	기타			
					만족	보통	불만족
					만족	보통	불만족
					만족	보통	불만족
					만족	보통	불만족
					만족	보통	불만족

5. 이번 시험에서 목표성적을 이루지 못한 과목은 무엇이며 그 이유는 무엇이라 생각하나요?

과목 : _____

수업시간 소홀	시험대비 학습시간 부족	시험계획 실천 부족
시험시간 실수	시험 난이도 높음	시험불안 (컨디션 난조)
개념이해 부족	내용정리 부족	암기부족

6. 이번 시험을 준비하는 과정과 시험을 보는 과정에서 잘한 점은?

_____

_____

7. 다음 시험을 준비할 때 가장 우선적으로 노력해야 할 것은?

규칙적인 수면시간	학습방해 원인 차단	시험에 대한 목표의식
수업 집중하기	개념이해 잘 하기	철저히 복습하기
정확히 암기하기	시험계획 세우고 실천하기	시험치기 기술(실수 줄이기)

8. 이번 시험을 치르면서 잘한 점과 개선할 점은?

잘한 점	개선할 점

MEMO

두근두근
자주학
이야기

초판 인쇄   2016년 7월 1일
초판 발행   2016년 7월 10일

저자   한국융합인재교육원

발행인   이진곤

발행처   씨앤톡
           출판등록   제 313-2003-00192호(2003년 5월 23일)
           주소   서울특별시 서대문구 연희로 5길 82 2층
           전화   02-338-0092
           팩스   02-338-0097
           홈페이지   www.seentalk.co.kr
           E-mail   seentalk@naver.com

ISBN   978-89-6098-453-0 13370

*이 도서의 국립중앙도서관 출판예정도서목록(CIP)은 서지정보유통지원시스템 홈페이지(http://seoji.nl.go.kr)와
 국가자료공동목록시스템(http://www.nl.go.kr/kolisnet)에서 이용하실 수 있습니다.(CIP제어번호: CIP2016007839)